정치쇄신 4.0

정치쇄신 4.0

초판1쇄 발행일 • 2014년 9월 1일

지은이 • 박재창
펴낸이 • 이재호
펴낸곳 • 리북
등 록 • 1995년 12월 21일 제406-1995-000144호
주 소 • 경기도 파주시 광인사길 68, 2층(문발동)
전 화 • 031-955-6435
팩 스 • 031-955-6437
홈페이지 • www.leebook.com

정 가 • 16,000원

ISBN 978-89-97496-25-9

한국미래정부연구회 연구총서 9

정치쇄신 4.0

박 재 창 지음

리북

"국민이 주도하는 정치"의 시대를 열며

정치불신이 비등점을 넘었다. 2012년 12월 대통령 소속 사회통합위원회가 실시한 여론조사 결과에 의하면 국회에 대한 지지가 응답자의 5.6%, 정부에 대한 신뢰도가 15.8%에 지나지 않는다. 정치쇄신문제가 대통령선거의 주요 화두로 떠오른 것은 2012년에 있었던 18대 대통령선거가 처음이었다. 대선과정에서 요동쳤던 안철수 현상의 실체가 새로운 정치에 대한 국민적 열망의 분출이라는 데에 많은 이들이 공감했음은 주지하는 바와 같다. 그런 만큼 대선 이후 정치권이 정치쇄신 관련 화두를 놓고 선점 경쟁에 나설 것이라는 점은 어렵지 않게 예견되는 일이었다.

그렇지만 정치권이 이렇듯 정치쇄신문제를 주요 화두로 들고 나온 것은 결코 이때가 처음은 아니었다. 아니 한국의 현대정치사 이래 정치권이 정치개혁문제를 제기하지 않은 때가 거의 없었다고 해야 보다 정확한 표현이 된다. 이렇듯 정치개혁의 화두는 말의 성찬으로 끝나는 것이 보통이었고 정치를 언제 한번 제대로 개혁해 본 일이 없었다. 그만큼 정치적 기득권의 벽을 넘는 일은 지난

한 과제라는 뜻일 것이다. 비록 기득권의 벽을 넘는다고 하더라도 지금까지처럼 정치쇄신관련 논의의 초점이 권력융합형 국가의 여야관계나 권력분립형 국가의 의회와 행정부 관계처럼 정부 내 권력구조 개편 문제의 주위를 맴도는 한, 과연 정치쇄신에 대한 이 시대의 갈증을 제대로 채워줄 수 있을지는 확신이 서지 않는 일이었다. 정치쇄신에 대한 수요는 시대상황의 변화에 따라 그 내용과 과제의 우선순위가 달라지기 때문이다.

돌이켜보면 민주주의 제도 자체가 그 동안 적지 않은 변모를 거듭해 왔다. 시대의 변화에 따라 새로운 요구에 직면하면서 부단히 새 길을 모색해 온 탓이다. 원래 인류는 자신의 오랜 소망이었던 주권재민의 정신을 구현하려면 아테네의 아크로폴리스로 상징되는 직접민주주의가 제격이라고 믿었다. 민주주의의 철학적 원리에 가장 근접하는 제도라고 보았기 때문이다. 그러나 산업사회가 진행되면서 참정권자의 수가 늘자 대중민주주의 시대, 대리인에 의한 간접민주주의에로의 길을 걷게 된다. 이 과정에서 자본과 노동을 양대 축으로 하는 대중정당이 등장하고 스스로 민주주의 운영체계의 중핵을 형성하게 되었다. 민주주의 1.0에서 민주주의 2.0으로의 변신이 시작된 것이다.

그러나 산업화의 심화와 함께 사회관계의 다변화와 이해관계의 분화가 촉진되면서 입법과정에 대한 이익집단의 경쟁적인 압력의 행사가 국가와 시민사회를 연결하는 보다 더 혁신적인 대안으로 떠오르게 되었다. 여기에는 1950년대 이후 지속된 냉전체제가 동서진영의 양대 대중정당 사이에서 경쟁과 긴장을 유발하면서 정당의 자연스러운 자기 진화를 방해했다는 점도 작용했다. 이로 인해 서유럽에서는 전통적인 대중정당이 분화하면서 녹색당, 학살반대 당, 낙태지지당, 동물인권당 같이 보다 더 분절화된 단일쟁점형 정책을 추구하는 정당의 출현이나 노사정위원회같은 코포라티즘 적인 정치사회관계망의 구축을 불러왔다. 반면에 미국에서는 주로 로비스트의 등장과 이익집단 정치가 활성화되는 변화를 가져왔다. 이 과정에서 이익집단과 국회의원 간의 직거래 통로가 구축되고 이로 인해 부패와 정경유착의 가능성이 높아졌다는 사실도 부인하기는 어렵다. 여하튼 이로서 민주주의는 새로운 운영체계와 대면하게 되었다. 민주주의 3.0 시대에 들어선 것이다.

그런데 정보화 사회, 지구화 시대가 도래하면서 1648년의 웨스트팔리아 체제 이래 유지되어오던 민족국가의 경계를 넘어 작동하는 국제지역국가 내지는 지구국가의 확산을 목격하게 되었다. 민주주의는 이제 민족국가의 경계를 넘어 작동하는 정책네트워크 체제로 변모하게 된 것이다. 민주주의 3.0이 의존하던 국가주의 패러다임이 그의 수평적 경계에 대한 도전을 받아 더 이상 정치적 대리인 체제의 정당성을 유지하기가 어렵게 되었다. 국민에 의한 공식적인 대표성의 위임 없이도 기능적으로는 정치적 대리인 역할을 수행하는 이들의 시대가 열린 탓이다. UN, WTO, NAFTA, ASEM, ILO 등을 운영하는 이들은 민족국가 구성원의 직접적인 동의 없이 사실상 그 나라의 정책결정에 참여하는 정치적 대리인처럼 활동하게 되었다. 민주주의가 새로운 도전에 직면한 것이다.

그러나 보다 더 위협적인 도전은 그 동안 민주주의가 의존해 왔던 국가주의 패러다임, 간접민주주의의 구현수단 자체가 이제는 더 이상 제대로 작동하지 않게 되었다는 데 있다. 산업사회가 정보사회로 변모하면서 산업사회의 진행과정에서 주조되었던 간접민주주의 체제 자체가 정보사회의 사회적 관계에 조응하면서 더 이상은 소구력을 유지할 수 없게 되었다. 따라서 그것이 권력융합형이 되었건 아니면 권력분립형이 되었건 정치적 대리인에 의해 유지되는 국가 시스템의 운영을 정상화하려 한다거나 기능적으로 업그레이드하려는 일은 더 이상 호소력을 견지할 수 없게 되었다. 국가주의 패러다임 내에서 아무리 개혁 대안을 새롭게 제시한다고 하더라도 이미 생활정치공동체와의 연결고리를 상실한 상부구조는 더 이상 제대로 작동하지 않게 되었기 때문이다.

이렇듯 국가주의 패러다임의 수평적, 수직적 경계가 단절되거나 무력화하면서 새로운 패러다임에 대한 요구가 빗발치는 현상을 민주주의 4.0의 시대에 대한 주문이라고 말할 수 있을 것 같다. 간접민주주의 체제가 더 이상 작동하지 않는 만큼 그 동안 간접민주주의를 위해 정치적 대리인에게 위임해 두었던 참정의 권한을 되돌려 받아 국민이 직접 국정에 참여하는 방안을 모색해 보자는 요구가 제기되고 있는 것이다. 아직 국가주의 패러다임을 완전히 대체할 새로운 대안이 마련된 것은 아니지만 적어도 지금처럼 참정권을 고스란히 정치적 대리인에게 위임해둘 수는 없으니 완전한 환원민주주의로 가자는 것은 아니더라도 지금보다는 훨씬 더 참정의 권한을 직접 행사해 보자는 주문에 다름 아닌 일이다. 준직접민주주의(semi-direct democracy)에 대한 요구의 발로다.

이는 모두 시대의 성격이 바뀌고 있는 탓이다. 일반 국민도 더 이상 산업사회 초기의 순종적, 타인의존적 존재가 아니다. 과거 그 어느 때보다도 자기중심적이고, 자존적이며, 정치적 효능감에 넘치도록 충만하게 되었다. 인터넷이나 SNS같은 정보통신기기가 정치참여의 공간적, 시간적 제약을 극복할 수 있게 도와 줄 수 있다는 점도 새로운 변화다. 이런 환경 속에서는 구시대의 정치적 디자인으로 새로운 시대의 정치적 수요를 감당할 수가 없다. 가장 중요한 것은 이제 국가 내부가 아니라 국가와 시민사회 내지는 정부와 국민 간의 관계 재조정에 나서야 한다는 점이다. "좌우"가 아니라 "상하"의 조정이 중요하게 되었다. 과거와는 전혀 다른 패러다임으로 정치쇄신과제에 접근해야 한다는 뜻이다.

따라서 국가운영시스템을 재디자인하고자 한다면 바로 이런 시대환경의 변화와 그에 따른 정치적 수요를 반영해야 마땅한 일이다. 그러나 지금까지 보아온 대다수의 정치쇄신 논의는 지난 시대의 패러다임 경계를 벗어나지 못하는 것이었다. 민주주의 4.0을 모색하는 일이 이 시대의 선결과제이고 또 시대정신이라고 한다면 우리가 추구해야 할 정치쇄신은 당연히 정치쇄신 4.0이 되어야 할 것이다. 그런 의미에서 정치쇄신 4.0은 기존의 국가운영시스템을 활성화하거나 기능적으로 확장하기 위해 부분적인 개혁이나 보충적인 대안을 찾아 나서자는 것이 아니라 전면적인 개혁 대안을 모색하자는 전혀 다른 차원의 결단을 필요로 한다. 간접민주주의로부터 준직접민주주의로의 이동을 도모하는 탓이다.

새누리당의 지도부가 한국 정치의 새로운 진로를 모색해 보고자 한다면서 정치쇄신특별위원회*)를 맡아달라고 했을 때, 저자의 마음속에는 이런 시대상황에 대한 인식이 자리 잡고 있었다. 이 책은 바로 이런 시대상황에 대한 이해와 분석의 도식을 들고 새누리당의 2013년 정치쇄신특별위원회를 운영한 결과물을 토대로 씌어졌다. 따라서 이 책은 저자 혼자의 힘만으로 이루어진 것은 아니다. 위원회의 보고서는 9명의 위원과 전문당료의 지원에 힘입어 성안되었다. 주로 정당분야는 김용호 위원과 윤성이 위원, 선거분야는 이명희 위원, 조중빈 위원과 윤종빈 위원, 국회분야는 안병옥 위원과 권영진 위원, 법률검토는 이성환 위원과 손교명 위원께서 수고해 주셨다. 그러나 전체적으로는 당연히 집단협업을 통해 완성되었다. 그런 탓에 어느 위원도 자신의 의견을 일관되게 관철할 수 없었다. 다른 위원들의 의견을 수렴해야 했기 때문이다.

이런 협업의 소산물을 저자가 다시 정리하고 책으로 출판하고자 결심하게 된 이유는 간단하다. 현 시점에서 볼 때 위원회의 활동결과가 단기간 내에 구체적인 성과물로 가시화하기는 어려울 것 같다는

---

*) 2013년 새누리당 정치쇄신특별위원회 위원

박재창 위원장(숙대 교수, 전 한국행정학회 회장)
이명희 위원((사) 바른선거모임 상임고문, 전 한국메니페스토실천본부 공동대표)
김용호 위원(인하대 교수, 전 한국정치학회 회장)
조중빈 위원(국민대 교수, 전 한국선거학회 회장)
안병옥 위원(공주대 교수, 전 국회 입법차장)
이성환 위원(법무법인 안세 변호사, 녹색소비자연대 공동대표)
손교명 위원(법무법인 위너스 변호사, 전 한나라당 재정국장)
권영진 위원(여의도연구소 부소장, 전 국회의원)
윤성이 위원(경희대 교수, IT정치연구회 회장)
윤종빈 위원(명지대 교수, 전 경실련 정치개혁위원회 위원장)

판단이 서기 때문이다. 새로운 시대정신에 걸 맞는 정치 시스템을 호소력있게 디자인해내지 못해서라기보다는 이를 정치권이 수용하도록 압력을 동원하는 일에 무력했던 탓이라고 생각된다. 여야를 막론하고 이전의 거의 모든 정치쇄신위원회들이 비슷한 전철을 밟았다는 사실에 접하면서는 정치쇄신 작업에 나설 때에는 얼마나 소구력있는 정치디자인을 새롭게 개발하느냐가 아니라 어떻게 하면 정치권이 이를 수용하도록 압박을 가하느냐에 보다 더 유의했어야 한다는 때늦은 후회를 불러왔다. 무릇 쇄신작업은 그것이 어떤 내용의 것이건 기본적으로 기득의 권리를 줄이거나 변경하는 성질을 지녔다. 그런 만큼 기득권에 안주하고 있는 정치권이 쇄신대안을 아무런 저항 없이 수용하리라고 보는 것은 너무나도 천진난만한 발상의 결과다. 더욱이 이 보고서의 주된 내용과 같이 "정치의 주도권을 국민에게 되돌려주고자 한다"면, 정치권 외부의 압력 없이 정치권이 이를 받아들일 일은 거의 없다고 보아야 옳을 일이었다. 역사상에 나타나 있는 대부분의 중요한 정치개혁은 어느 것도 정치권 외부의 가열찬 투쟁 없이 성취된 적이 없었다. 가까이는 우리의 현대정치사를 되돌아보기만 해도 확연히 들어나는 일이다.

이런 문제의식과 반성 때문에 이 책은 단순히 책의 내용을 공유하자는 데에만 초점이 맞추어져 있는 것은 아니다. 내용의 공유를 통해 정치쇄신에 대한 사회적인 관심을 유발하고 그 결과 일종의 사회운동에 불을 지필 수 있게 되기를 고대한다. 정치쇄신에 대한 열망이 타올라 국민운동이라도 일어나지 않고서는 결코 정치적 기득권의 장막을 걷어낼 수 없기 때문이다. 정치쇄신은 점잖은

밑그림 그리기 작업이 아니라 가열찬 정치투쟁이며 역사의 한 시대를 접고 새로운 사회를 여는 신문명운동의 하나인 것이다. 단순히 기구나 절차를 바꾸는 작업이 아니라 "정치"를 보는 눈 자체를 교체하는 작업이며 가치관의 수정 작업이기도 한 것이다.

　그런 탓에 이 책은 보고서의 내용을 그대로 옮긴 것은 아니다. 저자가 보고서를 대표 집필하기는 했지만, 개조식으로 정리된 것을 설명문으로 바꾸고 이론 부분을 정리해서 추가하는 작업은 사실상 글을 새로 쓰는 일이나 같았다. 그러나 이보다 더 달라진 것은 위원회의 논의과정에서는 채택되지 않았던 저자의 생각들을 여기에서는 추가했다는 점이다. 시민사회 자체의 능력을 제고하기 위해 시민사회특별위원회를 구성해야 한다거나 시민사회를 쇄신하기 위한 민주시민교육을 강조하고 시민사회와 국가를 이어주는 장치로서 유권자 까페같은 것들에 보다 더 주목하자는 제안은 "국민이 정치를 주도하는 시대"를 여는 데 있어 필수적 과제라고 보았기 때문이다. 그런 점에서 이 책에 대한 최종적인 책임은 오로지 저자 한 사람에게 있다. 독자 여러분의 가차 없는 비판과 충언을 고대한다. 아울러 위원회 활동과정에서 고락을 함께 나눈 위원 여러분과 전문당료께 이 자리를 빌리어 진심으로 감사의 말씀을 올린다. 정치쇄신에 대한 각별한 공감 때문에 어려운 출판계의 사정에도 불구하고 출판을 결심한 리북의 이재호 사장께도 감사의 말씀을 전한다.

2014년 8월

박 재 창

■목 차

I.
한국의 정치는 왜 실패하는가?

"정부의 실패"는 "시장의 실패"와 함께 후기 근대의 범지구적 현상이 되었다. 그 가운데에서도 뉴톤식 민주주의의 실패는 이제 식자의 상식처럼 되었다. 인류문명사적 전환기의 패러다임 충돌 내지는 실종이 빚어내는 결과다. 산업사회의 진행과정에서 고안된 정치제도가 정보사회, 지구화 시대의 도래 이후 작동력을 상실하고 있다. 구시대의 장치가 신시대의 사회구조적 특성과 상합하지 않는 데에서 오는 현상이다. 이런 현상이 정보화를 선행하는 한국 사회에서 보다 더 심화될 것은 자명한 이치다. 그러나 보다 더 본질적인 문제는 뉴톤식 민주주의 자체가 원래 자기 내재적인 모순과 한계를 지닌 것이었다는 데에 있다.

1. 산업사회의 도래와 뉴톤식 민주주의(Newtonian Democracy)

오늘날 우리가 자유민주주의의 모델로 삼는 서구식 민주주의는 뉴톤식 민주주의를 원형으로 한다. 그런데 이 뉴톤식 민주주의는 공장식 생산양식에 기초한 산업사회의 등장과 함께 주조되었다. 조립식 생산라인을 특징으로 하는 산업사회를 지배하는 인식의 틀은 기계론적 세계관과 그것의 토대가 되는 선형체계론(線形體系論, linear system theory)에서 비롯되었다(Laszlo et al, 1995: xvii). 따라서 뉴톤식 민주주의가 기계론적 세계관과 선형체계론 위에 구축되었을 것은 두말할 나위가 없다(Geyer & Rihani, 2000:21).

바로 이점에서 서구식 자유민주주의 모델은 스스로 한계를 지닌다. 뉴톤식 민주주의를 지향하는 서구식 민주주의를 정상국가가 지향해야 할 규범 모형 내지는 달성하고자 하는 목표값으로 삼는 한, 아무리 그런 노력이 성공한다고 하더라도 그것이 곧 바로 자유민주주의의 철학적 원리가 지향하는 결과를 약속하기는 어렵게 되어 있다는 뜻이다. 서구식 자유민주주의 모델은 그것 자체로서 내재적 모순과 한계를 지녔다.

기계론적 세계관과 선형체계론은 뉴톤이 제시한 중력의 법칙과 데카르트의 합리적 이성에 의해 절정을 이룬 것이었다. 그런데 뉴톤이 제시한 중력의 법칙은 자연의 일상에서처럼 사회관계에도 일정한 질서가 내포되어 있고 그런 질서는 쉽게 변하지 않으며, 그렇기 때문에 인간 행태의 인과관계를 추적 조사할 수 있고, 나아가 그의 최종산출물에 대해서도 이를 예정하거나 예측할 수 있다는 인식을 불러왔다. 이런 선형 질서의식이 사회관계에서는 상명하달이나 명령과 복종의 체계를 정당화하고 계서제의 원리를 낳았으며 중앙집권적 구조와 일극적 의사결정 체제를 당연시 하게 되었다.

그런 선형 질서의식에 내포되어 있는 불변법칙성과 순률적(順律的, eurythmic) 변화에 대한 믿음은 맑스의 계급이론이나 자본주의 발전단계론에서 보는 바와 같이 사회변동 내지는 진화의 최종단계(end-state)를 상정할 수 있게 했다. 예정성이나 예측가능성이 과학주의와 이에 조응하기 위한 전문성 제일주의를 불러왔을 것도 물론이다. 고전적인 선형이론이 폐쇄체계론에 기초했다는 사실은 부분의 단순 집합이 전체라는 환원주의(reductionism) 내지는 집적주의 사고를 정당화했으며 환경론적 인식의 틀을 외면하는 결과를 가져왔다.

데카르트의 합리주의 이론은 인간을 이성적 존재로 본다는 데에 특징이 있다. 이는 근대사회에 이르러 경제학의 실증주의, 사회학의 행태주의, 제3세계 근대화 이론 및 발전행정론, 정책학의 합리적 선택이론에 의해 꽃을 피웠다. 냉전시대의 정치사회적 필요에 따라 발전사업을 기획하거나 국가개입주의에 따라 경제발전을 추진하고자 한 근거도 바로 이렇게 인간을 이성적 존재로 보는 데에서부터 출발했다.

따라서 뉴톤식 민주주의가 선형이론과 인간이성론을 전제로 하는 법규중심주의를 출발점으로 하여 "법 앞의 평등"을 중시하고, 그에 따라 일인일표주의(one man, one vote)를 주창했을 것은 당연한 일이다. 그런 표의 등가성과 집적주의 사고가 결합하면서부터는 선거에서의 당선자 결정을 표의 종다수에 의존하거나 의사결정 과정에서 다수결의 원리(majoritarian rule)를 채택하게 했다. 그러나 이때의 다수는 환원주의 사고에서 보는 바와 같이 단순히 개별 의사의 누진적 총계만을 의미하는 것이기 때문에 다수라고 해서 결코 전체의 의사를 대리한다고는 볼 수 없다. 개별적 의사의 화학적 결합 없이 과연 공동체 전체의 의사를 표방할 수 있는가의 문제를 배태한 것이다. 이는 다수결이 소수의 의사를 결과적으로는 체계적으로 배제하는 장치에 다름 아니라는 비판에 직면하게 되는 여러 원인 가운데 하나이기도 하다.

이를 뉴톤식 민주주의의 구체적 존재양식인 대의민주주의의 관점에서 보면, 원하는 정책을 만들어 줄 것이라는 기대 하에 우리가 투표를 통해 선출하는 것은 기실 정치적 대리인인 국회의원이지 결코 그들에 의해서 구성되는 의회가 아니라는 사실에 주목할 필요가 있다. 그런데 한 나라의 정책 내지는 공익의 방향을 결정하는 것은 우리가 선출하는 개별 국회의원이 아니라 그들에 의해서 구성되는 의회이다(Hirst, 1988:193). 따라서 우리가 선출한 국회의원 개개인이 우리의 의사를 대표해서 제시하는 개별의사의 집적 결과와 그 국회의원들에 의해서 만들어지는 의회가 정하는 정책의 방향이나 공익의 내용은 결코 등가적인 것이 아닌 결과를 낳게 된다. 의회의 결정내용은 개별 국회의원의 의사로 환원될 수 있는 성질의 것이 아닌 것이다.

같은 이치로 뉴톤식 민주주의는 또 개인이 추구하는 사익의 총화가 곧 공익이라는 공·사익 일원론을 지향한다. 자기이익지향적인 개인들이 이성적으로 활동하는 경우 점진주의적인 타협과 조정을 통해 국가 전체의 유익을 극대화하는 어떤 접점에 도달한다는 낙관주의적 예정성과 환원주의 사고가 주류를 이룬 결과다. 다원주의 이론, 집단이론, 이익집단론, 로비체계론 등에서 잘 나타나 있다. 그러나 이는 개인이 추구하는 사익의 근본적인 성질을 유지하는 가운데 단지 전체적인 조화를 위해 사익의 경계범위를 최적화하자는 것임으로 사익의 단순 집적이 곧 공익이라는 인식 위에 서 있다. 그러나 사익의 성질이 유지되는 한 그것을 아무리 집적한다고 하더라도 공익과 같을 수는 없다. 소매업자의 시각과 도매업자의 시각은 근본적으로 서로 다른 성질의 것이기 때문이다 (Berggruen & Gardels, 2012). 이점에서 정치적 대리인으로서의 국회의원은 국가 전체 차원의 국익과 지역주민의 이해관계 내지는 지역차원의 부분이익 사이에서 간극과 모순이 발생한다는 사실에 당황하게 된다.

사익이 공익으로 전환하려면 사익들 사이에서 상호작용이나 학습 등을 통해 화학적 변화가 일어나야 하며, 이를 위해서는 사익의 개별 경계범위를 뛰어넘는 개방체계적인 사고가 전제되어 있어야 한다. 인간이 언제나 이성적인 존재도 아니다. 이는 다시 정치적 대리인이 유권자의 의사를 대표하는 과정에서 수많은 유권자의 개별이해관계나 정치적 선호를 종합하여 하나의 대안을 개발하거나 대표하고 제시하는 일이 과연 가능하냐의 문제를 제기하기도 한다. 어느 선거구의 유권자 총수가 30만이라고 한다면 30만개의 개별적 요구나 의사를 일인일표주의의 정신에 따라 균등하게 집적하여 한 명의 국회의원이 대표하는 일이 과연 물리적, 시간적으로 가능하냐의 문제와 함께 환원주의 사고의 틀 속에서 집적된 30만개의 의사를 하나로 취합하는 일이 정치철학적으로 유의미한가의 문제도 낳는다.

유권자가 선거과정에서 선택하는 것은 구체적인 정책의 방향이 아니라 정치적 대리인이기 때문에 선출된 정치적 대리인이 유권자가 원하는 정책을 대표하고 정책과정에 반영한다는 보장이 없다. 더군다나 정치적 대리인을 선출할 때 우리가 원하는 후보군이 언제나 제공되어 있는 것도 아니다(Hirst, 1988:194). 매우 한정된 선택지 가운데에서 단지 차악의 선택지를 선출하도록 사실상 강제되고 있을 뿐이다. 더 나아가 유권자가 선거과정에서 우선적인 관심을 두고 주목하는 것이 정당이나 정책이라는 보장도 없다. 아니 유권자가 언제나 어떤 정책적 선호나 지지하는 정당을 지니고 있는 것도 아니다. 비록 그런 의사가 있다고 하더라도 지금과 같은 표의 누적적 집계로서의 종다수나 다수결로는 결코 그 지지나 선호의 강도나 층위를 반영할 수도 없다.

이런 대의과정의 구조적인 모순과 한계는 실제로 유권자의 의견을 수렴하는 과정에서 경제적인 힘이나 정보력의 비대칭성으로 인해 참여가 불균형하게 이루어지는 원인이 되며, 특히 정치적 대리인에 의한 지대추구는 대의과정 자체의 왜곡을 낳게 한다. 이렇듯 뉴톤식 민주주의가 정치적 대리인을 선의의 관리자로 본 것은 천진난만한 발상의 결과다. 또한 권력의 속성으로 인해 개인보다는 조직의 언권이 크고, 정치사회적 기득권자의 현상유지적인 욕구가 보다 더 크게 반영되는 것이 보통이라면 대의과정에서의 동등참여는 가상적 도식에 지나지 않는다. 기득권에 의존한다는 점에서 미래를 향한 의사결정이 아니라 과거를 향한 정책선택이 주류를 이루게 된다(Berggruen & Gardels, 2012a)는 점도 문제다. 무엇보다도 이 과정의 핵심적 참여자인 언론이 상업주의와 결탁하면서 왜곡된 정보를 전달하는 경우 대의과정에의 동등참여는 유지되기 어렵다(O'Neil, 2013). 일인일표주의에 충실한 누진적 집적 자체가 실현하기 어려운 목표값이 되는 셈이다.

다른 한편 상대적으로 작은 생활공동체라면 몰라도 수십만 명을 상대하는 정치공동체에서 유권자의 가변적인 개별의사를 정치적 대리인이 상명하달식으로 결집하는 일이 과연 가능한가의 문제도 있다. 특히 이때의 유권자들이 수동적일 경우 문제는 보다 더 어렵게 된다. 그런데 뉴톤식 민주주의는 바로 이런 유권자를 수동적 존재로 상정한다는 문제를 지녔다. 뉴톤이 발견한 중력의 법칙은 무수한 입자들이 지구중심부를 향해 중력에 이끌려 피동적으로 이동하는 과정에서 확인된다. 지구를 향해 움직이는 커다란 맥락 속에서 작은 몸짓의 하나로 소규모의 자유로운 의사결정이 가능하다고 하더라도 그것을 전체적인 맥락 속에서 보면 중력에 이끌려 지구중심부로 수렴되는 수동적 현상에 지나지 않는다.

이런 유권자의 수동성은 전문가 제일주의와의 관계에서 보다 더 명료해진다. 법 앞의 평등성 원리에 따라 보편적 참정권을 인정하고 있지만 실제로는 국가가 전문성을 지닌 대리인에 의해 운영되어야 한다고 보는 것이 간접민주주의의 실체다. 이는 결과적으로 대리인의 전문성이 개별 유권자의 참정권을 압도해야 한다는 것을 의미한다. 이렇듯 전문성이 국민 대표성을 압도하는 현상은 의회와 행정부의 관계에서 보다 확연히 들어난다. 의회는 행정부에 비해 분야별 전문성이 취약할 수밖에 없고 그렇기 때문에 행정부로의 위임입법은 불가피한 일이 되어 있다.[1] 이로 인해 사실상 법률의 내용을 구체적으로 규정하고 집행하는 것은 행정부인 경우가 대부분이다. 의회가 정한 주요정책의 방향도 사실은 행정부가 초안을 작성하거나 주문한 것인 경우가 비일비재하다. 국회의원

---

[1] 위임입법의 수요가 발생하는 이유는 매우 다원적이다. 입법활동은 그것이 지니는 구조적 모순, 즉 현재의 시점에서 입법하지만 그 법률의 집행은 장래의 현상을 대상으로 한다는 점에서 시차성을 갖는다. 이를 극복하기 위해서는 현상의 변화에 유연하게 조응할 수 있어야 하지만 그럴 경우 법률의 안정성을 유지하기가 어려워진다. 이를 보완하기 위한 방안의 하나가 바로 행정부로 하여금 법률의 집행단계에서 법률의 내용을 적절히 조정하는 가운데 구체화하자는 것이다. 사회관계의 복잡성, 상호의존성, 가변성 등이 심화되면서 이에 조응해서 법률의 적실성을 유지해야 할 필요성이 커지는 것도 또 다른 이유다. 사회관계의 파편화, 국소화, 분절화 등이 심화되면서 이런 개별적 특수성을 반영해야 한다는 점도 위임입법 수요가 커지는 이유 가운데 하나다. 고도의 전문기술성을 필요로 하는 과제의 경우 전문가의 식견과 판단력 및 전문용어 해득력을 필요로 한다는 점에서도 행정부 전문기술관료의 지원을 필요로 하게 된다. 일원적으로 실천적이고 구체적인 기준을 설정하기가 어려운 경우 현장에서의 판단과 개입의 여지를 열어 둘 필요가 있게 된다. 정치적 이해관계의 갈등이 커서 쉽게 합의를 도출하기 어려운 경우 이를 전문기술관료에게 맡겨 다루게 하고 잠정적인 합의를 유도하고자 하게 된다.

에게 위임된 국민의 참정권이 사실은 의회로부터 다시 행정부에게로 이중 위임되고 있는 셈이다(Hirst, 1988:194). 국민의 대표성이 행정부의 전문성에 압도된 결과다.

더 나아가 유권자와의 관계에서 대리인이 우월적 지위를 갖는 이유가 그들이 동원하는 전문가적 식견이나 경험의 축적에 있다고 한다면, 이는 결과적으로 민주성보다는 경제성 내지는 생산성을 중시한다는 것에 다름 아니다. 이렇게 생산성을 중시하는 현상은 아무리 정치적 자유권이 보장된다고 하더라도 이를 구현하는 데 필요한 경제적 재화에 대한 처분권이 보장되지 않으면 정치적 권한은 무력하거나 무의미하다는 의미로 여겨진다. 정치적 민주주의는 경제적 민주주의와 병행되어야 그 실체를 보장받게 마련이다. 아무리 정치적 자유가 허용된다고 하더라도 기초생계비가 확보되지 않거나 소수인에 의해 경제적 재화가 독과점 된다면 결코 정치적 민주주의는 유지될 수 없다. 경제적 재화는 그 크기만큼의 정치권력을 동반하기 마련이다. 그러나 뉴톤식 민주주의는 환경론적 시각을 결여하는 까닭에 정치적 민주주의를 경제적 조건과 연동하여 논의하는 관점 자체를 결여했다. 민주주의의 구체적 존재양식에 대한 맥락적 인식이 결여되었다.

이렇듯 뉴톤식 민주주의는 그의 인식론적 틀 자체에 문제가 있으며, 그렇기 때문에 새로운 패러다임의 개발 없이 뉴톤식 민주주의를 통해 민주주의의 철학적 기댓값을 구하기는 어렵다. 그런데 이렇게 뉴톤식 세계관에 대한 회의론이 확산되기 시작한 것은 대체로 제1차 세계대전 이후의 일이다. 1930년대 이후 입자 물리학이 등장하면서 예정성과 확정성의 시대를 확률성의 시대로 전환하기에 이르렀다. 인간 행태에 대한 예측가능성을 포기하면서 인간의 합리성과 비합리성, 이성과 감성, 뉴톤식 과학주의와 사회적 관계론 등을 통합적으로 포괄하는 새로운 인식론적 질서의 창출에 대한 요구가 비등하게 된 것이다. 이에 조응하여 등장한 것이 바로 비선형 체계론(非線形 體系論, non-linear system theory)이다. 프랑스의 후기 근대론이나 해체주의 이론을 불러오는 전기가 되었으며, 방법론에 있어서는 논리실증주의에 대한 반동으로 현상학에 주목하는 빌미가 되었다.

비선형 체계는 사회관계를 사회구성인자들이 역동적으로 상호작용하는 동학의 체계, 그런 동학의 에너지가 어느 한 곳으로 수렴되지 않는다는 의미에서는 에너지 비산의 체계, 그런 가운데 상황적 조건과 조응해 나간다는 점에서는 적응의 체계(adaptive system)로 이해된다. 그 결과 매우 복잡한 관계망을 형성한다는 점에서는 복잡계(Byrne, 1998:45)로 불린다. 복잡계는 뉴톤의 만유인력도 선형 낙하가 아니라 비선형 낙하 양식을 취한다고 보았다. 당연히 선형 사회관계에 기초한 예정성을 부정하며, 그로 인해 최종상황에 대한 불가지성 내지는 불가측성을 강조한다. 바로 이점에서 민주주의에 최종상황 내지는 최후의 발전단계란 있을 수 없다는 입장을 취하는 것이기도 하다. 이런 관점에서 보면 민주주의에 선험적 모형이란 있을 수 없으며 다만 끊임없이 변화해 나가는 역동적 변화과정이 있을 뿐이다. 이는 민주주의의 원형에 대해 개별 환경에 맞는 자기성찰적 변화를 주문하는 것이기도 하다. 정보사회의 도래라는 환경적 조건의 변화는 거기에 맞는 민주주의 체제의 변용과 적응을 요구한다는 의미다.

2. 정보사회의 심화와 간접민주주의(Indirect Democracy)

정보사회의 도래는 정보유통양식의 신속성, 경제성, 광역성, 협송성(narrow-casting)을 불러오면서 사회관계의 복잡성, 역동성, 유동성, 파편성을 심화시키게 되었다. 사회는 이제 선형체계의 구조물로부터 복잡계의 융합물로 이동하게 된 것이다. 이는 산업사회와 전혀 다른 성질의 사회관계망을 낳게 되었음을 뜻한다. 이로 인해 산업사회의 사회관계를 전제로 주조되었던 뉴톤식 민주주의는 새로운 사회질서에 조응하여 더 이상 효율적인 소구력을 구사하기가 어렵게 되었다. 내재적 한계를 지니는 뉴톤식 민주의의가 새로운 환경에 접하면서 추가적인 도전에 직면하고 있는 것이다.

먼저 정보유통과정의 협송성 증대는 사회관계의 파편성을 강화하면서 공통의 이해관계를 공유하는 대중을 해체하고 소중화(小衆化, demassifying) 시대를 열게 되었다. 공동의 이해관계를 공유하는 것으로 여겨지던 대중의 정체성이 서로 다른 이해관계를 추구하는 이익집단으로 분할하기 시작한 것이다. 이로 인해 공익을 추구하거나 공공선을 지향해야 하는 국가와 현실 속의 정치공동체 사이에는 괴리가 발생하게 되었다. 자기 이익에 충실하고자 하는 이익집단의 요구가 격해지고 호전적인 특수이익집단이 등장하면서부터는 정치공동체의 유지 자체가 위협받게 되었다. 같은 이유로 녹색당, 낙태허용당, 학살반대당같은 단일쟁점형 정당들이 확산되면서 대중정당의 호소력이 쇠퇴하고, 뉴톤식 민주주의는 그의 이론적 토대가 흔들리는 변화를 겪고 있다(Mudd, 1999:184).

이렇듯 산업사회의 소품종 대량생산체제가 개인별 선호에 주목하는 맞춤형 서비스 내지는 다품종 소량생산체제로 전환하면서 사회구조의 기능적 분화가 촉진되고, 그 결과 다수를 형성하기가 어렵게 되었다. 이로 인해 명목상의 다수와 실질적인 의미의 다수, 인위적인 다수와 유기체적인 의미의 다수 사이에 괴리가 발생하게 되었다. 형식적 다수를 강요하는 다수결의 원칙이 사회정의를 확장하지 않고 오히려 제한한다는 비난을 받게 되었다. 환상속의 다수를 극복해야 하는 문제가 제기된 것이다. 이는 소수의 비중이 커진 결과이며, 소수결주의(minority rule) 내지는 거부권의 정치(vetocracy)를 불러오는 한 원인이 되고 있다. 결과적으로 뉴톤식 민주주의가 의존하는 다수결주의가 결정론적으로 사회통합과 결속을 약속하는 것은 아니라는 사실이 확인되고 있는 셈이다.

이러한 현상은 정보유통양식의 속도성 제고에 의해서도 강화된다. 정보유통의 신속성은 사회관계에 대한 즉응적인 대처를 가능케 하고, 이는 다시 단기적 시관(short term perspective)에서 사회문제를 접근하게 하는 한 원인이 되고 있다. 이런 상황 속에서는 도덕적인 배려와 풍부한 기초정보에 의한 결정이나 양식 있는 판단이 어렵게 된다. 자기 자신의 이익이 무엇인지를 명확하게 판단하지 못하거나 투표권이 없는 이들[2]에게 인도주의적으로 배려하는 일도 어려워지게 된다. 시간을 갖고 대응해야 하는 사려 깊은

---

2) 미래 세대 내지는 민족국가의 경계 밖에서 삶을 영위해 나가는 다른 나라 사람들 나아가 생태론적 가치관에 따른 지구환경에 대한 배려 등은 속 깊은 사려와 성찰을 필요로 한다.

판단의 기회를 허용하지 않기 때문이다. 국가가 장기적인 구상이나 대응력을 상실하면서, 공동선을 지향하는 능력이나 국정관리상의 지속력과 기획력을 상실케 하는 결과가 되기도 한다.

이런 즉응체제의 등장은 또 정당정치의 위기를 불러오는 한 원인이기도 하다. 정당이 수행하는 다양한 기능 가운데 하나는 지역사회의 현장정보를 중앙정치무대로 전달하는 데에 있다. 그 과정에서 점진적인 이견의 조정이나 타협을 통해 단계적, 통합적 질서를 창출하게 된다. 이를 위해서는 당연히 시간적, 공간적 여백이 전제되어 있어야 한다. 그러나 정보소통의 즉응체제가 구축되면서 정당이 개입해서 이런 역할을 수행할 수 있는 시간공간을 증발시켜 버리고 말았다. 산업사회와는 달리 전자우편이나 SNS같은 다양한 양식의 정치정보 소통장치가 정당의 지역정보 전달 및 매개역할과 경쟁하게 되었다는 점도 정당정치의 쇠퇴를 촉진하는 여러 요인 가운데 하나다. 정당이 여론의 형성과 확산과정에서 점유했던 독점적 지위가 흔들리게 된 것이다.

근대정당의 또 다른 기능 가운데 하나는 사회문제를 진단하고 규정하며 인식하는 프레임을 제공함으로서 개별적 이해관계의 통합적 기반을 제공하는 데에 있다. 그러나 사회관계의 복잡성이 증대하면서 인과관계의 추적이 곤란해지고, 유동성과 역동성이 커지면서는 현장의 당사자가 아닌 제3자의 눈으로 사회문제를 진단하고 규정하는 일이 어려워지게 되었다. 정당의 정책진단 및 개발기능이 도전받게 된 것이다. 무엇보다도 사회관계의 복잡성과 유동성 증대는 과거 노동자와 자본가 같이 비교적 단순한 사회관계를 전제로 개발되었던 이념의 프레임을 통해 정책과제를 진단하고 개발하는 일을 무력화시키는 결과가 되었다. 이념의 종말 내지는 무력화 시대를 열게 된 것이다.

정당의 프레임 제공 기능이 쇠퇴하는 또 다른 이유 가운데 하나는 정보사회의 도래 이후 유권자의 정체성이 혁신적으로 변화하게 되었기 때문이다. 정보사회 이후 정보유통의 유동성과 역동성이 확장되면서 전문가나 대리인에 의한 지식이나 정보의 배타적 지배가 허물어지고, 이로 인해 공사영역간의 정보격차가 증발하는 것은 물론이고 보다 스마트한 개인이 확산되기에 이르렀다. 인지적 동원력이 높아지면서 이제 시민은 전문가나 엘리트에 의존하는 피동적 존재가 아니라 자기주창성과 자기존중감이 높고 자기중심적으로 사고하고 행동하는 능동적 존재 내지는 적극적 주동자로 변모하게 되었다. 따라서 이런 시민이 자신의 외부에서 주어지는 프레임을 수동적으로 수용하거나 추종하지 않게 될 것은 자명한 이치다. 더욱이 이념의 경직적인 프레임이 역동적 사회관계나 이해충돌을 정교하게 반영하거나 설명할 수 없다는 사실이 확인되면서 정당의 이념적 선도력에 대한 의존성은 크게 쇠퇴할 수밖에 없다.

무엇보다도 중요한 것은 정당이 자신만의 경직적인 이념의 틀로는 복잡다기한 사회관계를 효율적으로 진단하거나 선도할 수 없다는 사실을 깨닫게 되면서 보다 폭넓은 지지기반의 확충을 위해 서로의 프레임을 수용하거나 융합하는 포괄정당(catch all party) 현상이 확산되고 있다는 점이다. 이렇듯 우파정당과 좌파정당 사이의 차이가 줄어들면서 유권자로서는 정부에 대한 선택권이 사실상 증발하는 것과 유사한 현상에 직면하게 되었다. 선거가 이렇게 자신이 원하는 성질의 정부 선택이 아니라 단순히 국정을 주도하는 엘리트집단의 순환선택 이상의 의미를 갖지 못하게 되었다는 사실은 개인의 참정권과 그에 따른 정부선택권을 약속하는 뉴톤식 민주주의가 위기에 처했음을 뜻한다.

그런데 이렇게 정당간의 정체성 수렴현상이 촉진된다는 것은 이를 사회구조적인 차원에서 볼 때, 사회관계 속의 유동성이 강화되고 있다는 의미로도 해석된다. 정보사회의 도래와 함께 정보소통상의 신속성, 경제성, 광역성이 확장되면서 선형체계가 상정하던 폐쇄적 경계를 뛰어넘어 정보의 교환이 일어나게 된 것이다. 바로 이점에서 비선형 체계론은 초미립자의 파동을 통해 선형체계가 상정해 온 경계의 벽을 무너트리고 이를 에너지의 파동으로 교체하는 작업을 선도하고 있는 셈이다. 이렇듯 경계를 뛰어넘는 융합현상이 강화되면서 국정과정에서는 공익과 사익을 구분하는 일이 쉽지 않게 되었다. 공적 영역과 사적 영역을 구분하는 일 자체가 간단치 않게 된 것이다. 이는 기업의 사회적 윤리나 사회적 기업의 등장, 국가경영원리로서의 신자유주의와 그에 따른 책임운영기관제와 성과계약제의 도입, 시민참여 배심원제나 참여예산제 등의 등장에서 극명하게 들어난다.

이렇듯 공익과 사익의 경계가 불분명해진다는 것은 공익의 구현을 목표로 삼는 국정운영이 자기 설자리를 찾기가 쉽지 않게 되었다는 것을 의미한다. 국가의 존립이유가 도전받기 시작하면서 국가와 시민사회를 연결하는 장치로서의 대의과정 내지는 뉴톤식 민주주의가 뿌리째 흔들리는 변화를 경험하게 되었다. 그런데 이렇게 국가의 존립이유가 도전받는 현상은 지구화 시대의 도래로 인해 보다 더 강화되고 있다.

정보사회는 정보의 자유로운 이동과 함께 민족국가의 경계를 넘는 자본과 금융의 이전을 용이하게 만드는 결과를 가져왔다. 세계경제체제의 등장 내지는 경제활동의 초국적 현상을 불러오게 된 것이다. 이로 인해 경제활동에 대한 민족국가의 영토고권이 효율적으로 개입하거나 작동하기가 어렵게 되었다. 이는 노동자의 국경을 넘는 이동에는 제한이 있다는 사실과 합쳐지면서 자본가와 노동자 사이의 협상력에 자본가 친화적인 불균형을 낳게 했다. 여기에 더해 정보사회의 생산양식은 산업사회의 그것과는 달리 정보의 복제생산을 주요 구성요소로 한다는 점에서 생산의 확대가 노동력에 대한 수요의 확장을 순비례적으로 동반하지 않게 되었다. 노동자의 자본가에 대한 언권이 현저히 축소될 것은 당연한 이치다. 이는 결과적으로 빈익빈 부익부 현상을 가져와 부의 편중이 심화되면서 부자와 빈자 사이의 격차를 크게 심화시키게 되었다. 민주주의의 초석인 중산층의 몰락을 불러오게 된 것이다.

이런 중산층의 몰락은 금권이 차지하는 정치적 영향력의 비대칭성을 확장하면서 뉴톤식 민주주의의 기반인 일인일표주의를 위협하고 "일불일표주의(one dollar, one vote)" 시대를 낳게 했다. 금권정치(plutocracy)의 시대를 연 것이다(Jones, 2011). 경제적 기득권의 성장 속도가 보통 사람의 경제적 성장 속도를 앞지르면서 민주주의적 가치를 질식시키고 있다. 이는 어느 한편의 언권이 다른 한쪽을 압도하는 현상을 방지하고자 한 견제와 균형의 시스템이 붕괴되고 있음을 뜻한다. 자유주의와 공동체주의, 보수정당과 진보정당, 기업연합과 노조 사이의 균형추 역할을 수행하던 국가의 국정운영능력이 현저히 쇠퇴하고 있음을 보여준다. 국정관리의 위기(crisis of governability)가 초래된 것이다.

　이러한 국정관리의 위기는 지구화에 따른 국정관리체제의 계서
구조 확장에서도 찾아볼 수 있다. 지구차원의 네트워크가 확대되
고 국가 간의 교류가 심화되면서 지구차원의 대응을 필요로 하는
다양한 과제들이 등장하게 되었다. 마약, 테러, 매춘, 미성년 노동
자의 착취, 환경파괴, 기후변화, 어류의 남획, 세계금융질서의 붕
괴 등 국가 간 협력과 대응만으로는 효과적으로 해결하기 어려운
과제들이 제기되면서 지구차원의 공동협력체 구성에 대한 수요가
폭증하게 되었다. 그 결과 ASEM, NAFTA, EU같은 국제지역차
원의 협력체나 IMF, UN, WTO같은 지구차원의 공적기구들이 속
속 등장하거나 강화되었다. 이는 민족국가 내부의 정책결정과정에
대한 국외적 요인의 개입을 제도적으로 정당화하는 일이며 그 결과
일국주의적인 정책결정은 더 이상 어렵게 되었음을 뜻한다.

　뉴톤식 민주주의가 상정하는 민족국가 구성원의 참정권은 일국
주의의 경계범위 내에서나 인정되고 따라서 민족국가를 상회하는
국제지역국가나 지구정부에 대한 직접적인 정부구성권은 승인되
어 있지 않은 상태에서, 실질적으로는 이런 기구들이 정하는 정책
에 의해 국내 정치과정이 구속되어야 하는 사태가 발생한 것이다.
이런 상황에서는 대표성의 왜곡과 정책 활동의 이격성이 심화되기
마련이다. 지방자치정부와 중앙정부로 단순화되었던 정부과정의
계서적 질서가 국제지역정부와 지구정부를 추가하면서 정책결정
과정의 수직적 계서를 확장하고, 그 결과 일상의 언저리에서 정책
과제를 관찰하고 평가하며 참여하는 생활세계의 정치영역을 크게
벗어나 실로 유권자로부터 멀리 떨어진 곳에서 벌어지는 정책활동

을 포괄하게 되었다. 정책과정에 대한 정교한 관찰이나 논의가 불가능하게 될 것은 물론이다.

이런 국외적인 요인의 영향은 사회주의국가권의 붕괴에서도 찾아볼 수 있다. 냉전시대에는 뉴톤식 민주주의가 사회주의 불럭에 대한 대항수단으로서 그의 정당성 기반을 배가했던 것이 사실이다. 그리고 그렇기 때문에 뉴톤식 민주주의의 일원성이나 경직성을 감내하는 것은 자연스러운 일로 여겨지기도 했다. 그러나 냉전의 종식은 이런 자제력의 정당성 기반을 일거에 제거하는 결과가 되었으며 정태적 민주주의에서 역동적, 동태적 민주주의로의 길을 열었다(Heller, 2011). 그 결과 많은 제3세계 국가들이 서구 자유민주주의 체제를 모델로 하는 정체를 채택하게 되었다. 그러나 이런 현상은 마치 서구의 자유민주주의 체제가 민주주의 발달과정에서 최종단계 내지는 완성단계에 이른 것이라는 오해를 동반하기에 충분한 것이었다. 제3세계 국가권에 자기 성찰적 민주주의 대신 사실상 외생적 민주주의를 강요하는 결과가 확산되고 있는 것이다.

3. 한국의 사회문화와 신가족주의(New Familism)[3]

이런 정보사회의 도래에 따른 과제에 추가하여 우리에게는 한국이라고 하는 토착적, 지정학적 환경이 동반하는 문제점도 부가되어 있다. 원래 서구식 자유민주주의는 그것 자체가 우리에게 있어 외생적 제도다. 그 결과 서구식 민주주의의 규범적 모형을 당위적으로 이식하는 과정에서 발생하는 부적응의 문제가 추가된다. "전망적 현실"로서의 자유민주주의를 당위론적으로 접근하는 데에서 오는 오류가 적지 않다. 자유민주주의가 제대로 작동하기 위해서는 그 사회의 구성원들 사이에서 공적 신뢰, 사회적 규범, 네트워크의 구축 같은 역사문화적 경험의 공유를 통한 사회자본의 축적이 전제되어 있어야 한다(Fukuyama, 2001). 자유권의 행사에 합당한 성찰적 책임의식을 지닌 시민이 필요하기 때문이다. 서구의 경우에는 오랜 역사적 경험을 통해 시민성 내지는 시민적 가치가 축적되고 그 결과적 소산물로서 자유민주주의 체제가 구체화되었다. 그러나 우리의 경우는 이들이 미처 숙성되기도 전에 그에 기초한 자유민주주의 제도를 도입하여 운영하는 과정에서 일종의 준비부족 사태가 발생하게 되었고, 그로 인한 시차조절의 실패가 우리 정치의 발목을 잡고 있다.

서구의 자유민주주의는 사회구성의 기본 단위를 개인에 둔다. 이에 반해 한국은 가족에게 상대적으로 높은 비중을 두는 특성을

---

3) 박재창(2010:308-310)을 발췌, 참조했다.

지녔다.[4] 산업화의 진행과정에서 가족주의 문화가 많이 개인주의와 희석되었다고는 하지만 여전히 가족중심의 가치관이 한국 사회 속에 면면히 흐르고 있음은 부인하기 어렵다. 한국의 경제발전을 압축적으로 견인했다고 하는 높은 교육열도 따지고 보면 바로 이런 가족주의 사고에서 비롯된 것이다. 내 가족의 안녕과 번영을 모든 것에 우선하려는 가치판단의 척도가 자신의 헌신과 희생을 통해서라도 후대의 발전을 기약하는 교육투자에 매진하게 했던 것이다. 이렇듯 가족주의는 가족, 지역공동체, 국가공동체같이 여러 수준의 집합체 가운데 가족을 가장 중시하는 집합주의적 가치관을 뜻한다(김승현, 2009:3).

그런데 서구식 자유민주주의는 다양한 개인이나 그 개인들에 의해 구성되는 이익집단이 서로 조정과 타협을 통해 잠정적 합의에 이르는 정책과정을 전제로 구성된다. 이런 정책과정의 다원성이 정당화되고 제대로 작동하기 위해서는 다원주의 이론이 가정하는 것과 같이 개인의 다원적 멤버십이 전제되어 있어야 한다. 그래야 다원적 멤버십의 중층성을 통해 이해관계의 조정이나 타협이 가능해진다. 그러나 그런 의미의 다원적 관계망은 가족주의 가치관에 빠져 있는 한 활성화되기 어렵다. 사회관계를 인식하는 기본 단위가 개인이라기보다는 가족인 만큼 가족이 다원적 멤버십을

---

4) 한국이 명망가 중심의 연고정치 내지는 패거리 정치에 빠지게 된 연원을 조선조 시대를 풍미했던 유교나 성리학에서 찾기도 한다. 윤여준(2013)에 의하면 유교의 가부장적 질서가 만든 가산주의나 성리학이 정치의 중요단위나 기준을 가문에 둔 데에서 비롯되었다는 것이다. 전상인(2007)에 의하면 조선후기 양반계급이 자신의 사회경제적 지위를 유지하기 위해 정치경제 자원에 대한 과점체제를 구축했는데 이를 위한 방법으로 가족주의적인 연결망을 동원했다고 한다.

구축하고 있어야 사회 구성 기본단위 간의 상호의존성이 증대되면서 보이지 않는 손에 의한 이해관계의 조절이나 공유가 가능해지고, 그 결과 정책 네트워크의 구축이 용이해지지만, 가족은 개인처럼 다원적인 멤버십을 중층적으로 보유하기가 쉽지 않다. 가족이 지향하는 내밀성과 정서적 연대는 그것 자체로서 다원적 멤버십의 공유를 거절하는 성질을 지녔기 때문이다.

가족이 이렇게 그의 본질적 특성상 이해관계의 축이라기보다는 정서적 연대와 감성적 결합의 본거지라는 사실은 정책구성 최소단위 간의 경계 장벽이 중첩적인 멤버십에 의해 무너지거나 기능적으로 연계되는 정도가 상대적으로 취약할 수밖에 없음을 뜻한다. 사회구성단위 간의 경계 장벽이 비교적 견고하다는 사실은 가족주의가 가족의 구성원에게는 내포적, 최혜적 사랑을 베풀고 가족 구성원이 아닌 자에 대해서는 배타적, 최빈적 처우를 하는 이중적 가치관을 당연시 한다는 사실에 의해 가중된다. 가족 내부에서 작동하는 규범과 가족 외부에게 적용하는 규범 사이에 차등성이 발생하는 경우 누구에게나 평등하게 작용하는 보편적 사회정의의 실현은 어렵게 된다. 누구든 법을 지키거나 사회공동체의 질서에 순응하면 손해라는 생각을 갖게 만들기 십상이다. 이런 성향의 가장 나쁜 결과는 자유민주주의의 핵심적 토대라고 할 수 있는 시민성의 함양을 어렵게 한다는 데에 있다. 이런 사회에서는 사회 공동체가 잘되어야 자신에게도 이로울 것이고 그런 만큼 사익을 위해 공익을 희생시켜서는 안 된다는 사고를 배양하기가 어렵게 되는 것이다(김승현, 2009:5).

이런 가족주의의 폐쇄성은 또한 사회적 신뢰의 범위를 매우 협소하게 만드는 문제를 동반한다. 가족의 구성원 사이에서는 협소하지만 두꺼운 신뢰(thick tust)[5]를 유지하기 때문에 서로 믿고 의지하는 가운데 편안해하고 관용적이어서 거래비용을 낮추게 된다. 그러나 가족 외부인에 대해서는 무분별하게 적대감을 갖거나 귀속감이나 의무감이 취약해지는 한계를 낳는다. 퍼트남(Putnam, 2000)식으로 말하자면, 접착 사회자본(bonding social capital)은 풍부하지만 연결 사회자본(bridging social capital)이 빈약한 사회가 되는 것이다. 이런 신뢰의 이중구조 속에서는 치열한 경쟁이나 극렬하게 반대하는 데에는 능하게 될지 모르지만 타협과 화합에는 지극히 미숙하게 된다(김승현. 2009:5). 이는 한국 사회에서 공익의 토대가 되는 공공성의 확보가 어렵게 되는 주요요인 가운데 하나다. 소통하지 않는 사회, 막힌 민주주의를 불러오게 되는 것이다.

이렇게 한국 사회에서 공공성을 확보하기가 어려운 보다 본질적인 이유는 공사영역의 구분 자체가 어렵다는 데에도 있다. 가족주의는 공적 영역을 사적 영역의 눈으로 보거나 치환하려는 경향을 지닌다. 계약적 관계보다는 귀속적 관계, 합리주의보다는 온정주의를 선호한 결과 혈연, 지연, 학연과 같은 일차집단을 통해 공적 사회관계를 이해하거나 설정하려 하게 된다. 이런 연고주의에 대한 의존성이 역동적인 산업화와 근대화 과정을 거치면서 사적 이익의 극대화를 위한 도구로 활용된 결과 "신가족주의(neo-familism)" 관계망을 낳았다. 신가족주의는 근대화 과정에서 당면하게 되는

---

5) Newton(1999)에 의하면 "thick trust"는 가까운 주변에 사는 사람들 사이의 면대면 접촉을 통하여 구축되는 것인데 반해, "thin trust"는 비대면적 관계 속에서 형성되는 신뢰라는 것이다.

극심한 자기정체성의 혼란을 극복하고 동시에 일종의 생존수단의 하나로 공적 영역에서조차 사적 신뢰에 기초한 사회적 삶을 추구하는 데에서 비롯되는 현상이다(Ha, 2007:373).

이런 신가족주의 네트워크가 엄혹한 권위주의체제를 거치면서는 민주화 운동이라고 하는 "정의로운 활동"과 연동되어 대내적 결속과 대외적 배제를 당연한 윤리와 도덕률로 받아들이게 했다. 정의로운 집단과 부정의한 집단 간의 차별과 격리는 합리적 선택이며 당위적이라고 여기게 된 것이다. 이로 인해, 한국 사회에는 비록 매우 조야한 구분이기는 하지만 민주화 세력에 의해 정의롭지 못한 집단으로 규정되는 소위 권위주의 시대의 산업화 세력과 이에 저항했던 민주화 세력이 보수와 진보의 이념집단으로 양분되는 경향을 보이게 되었다. 이는 다시 신가족주의의 경계를 넘는 타 집단과의 조정과 타협에 대해서는 이를 윤리적 타락으로 간주하는 정치적 순혈주의를 낳았다. 이런 정치적 순혈주의에 대한 집착은 그 뿌리를 일제의 식민통치과정에서 찾아 볼 수도 있을 것 같다.

그런데 이런 이념집단 간의 관계가 대결구조를 취하게 되는 보다 근본적인 동인은 남북분단으로 인한 결손국가 현상에서도 찾아볼 수 있다. 분단이 우리의 사회관계 형성에 있어 가편 또는 부하와 같은 극단적 반응 내지는 과장적 요소로 작동해 왔음은 주지하는 바와 같다. 일상성을 넘는 갈등의 심연 형성에 남북분단이 크게 기여했다는 의미다. 300만 명의 희생을 가져온 한국전쟁은 바로 이런 이념적 갈등에 회복하기 어려운 증오의 씨앗을 뿌렸다. 그 결과 의회주의와 같은 점진주의 내지는 현상유지식 문제해결방법으로는 극복하기 어려울 만큼 이념적 단절 내지는 사회집단 간의 갈등구조를 심화시켰다. 의회는 원래 해결할 수 있는 것만 다룬다는 한계를 지닌 갈등관리기구로 평가됨에도 불구하고, 한국 사회가 의회에 기대하는 것은 의회주의 방식으로는 풀기 어려울 만큼 갈등의 심연이 깊은 과제들이다.

같은 이치로 근대화 과정에서 자리 잡은 천민자본주의가 사회관계를 왜곡하고 나아가 갈등을 심화시키는 또 다른 요인으로 작동했음도 부인하기 어렵다. 사회적 책임에 대한 배려 없이 철저히 이기적인 동인에 의해 추동되는 금권세력의 로비력이 정치과정을 장악한 결과 시장에서의 패퇴자를 보호하거나 배려하는 정책의 수립이 곤란을 겪고 있음은 주지하는 바와 같다. 따라서 다원주의 체제에 순응하더라도 순률적으로 자신의 이해관계를 반영하기가 어려울 것이라는 점을 경험을 통해 지득한 노동자 계급이 순순히 기성의 질서를 존중하고 대화와 타협의 길로 나서기는 쉽지 않게 되어 있다. 자본과 노동이 신가족주의의 틀에 갇히면서 극단적인 대결의 길로 나서게 되는 이유다.

보다 더 불행한 것은 산업화 과정에서 발생한 자본의 축적이 지역적 편향성을 띠면서 지역정서를 토대로 하는 새로운 형태의 신가족주의 집단을 낳았다는 점이다. 지역감정이 정치적 상징성과 결합하면서 지역기반을 토대로 하는 특정정당이나 지도자에 대해 무조건적인 지지를 보내는 정서적 연대체를 구성토록 했다. 이런 유형의 신가족주의는 특정정당이 특정지역을 배타적으로 지배하는 결과를 낳았고, 그 결과 정당 간의 타협과 조정을 마치 가족에 대한 배신처럼 간주케 하는 정치적 정서를 낳았다. 그 결과 정파 간의 대화와 조정을 어렵게 할 뿐만 아니라 양질의 정치지도자를 육성해내기도 곤란하게 되었다.

정치지도자의 충원과정이 왜곡되면서 사익추구 내지는 부분 이익의 눈으로 공적과제 내지는 공익을 다루는 이들이 정치과정의 주도세력을 형성하게 된 것 또한 문제다. 그런 정치과정에서는 정치지도자의 공적 기여(public commitment)를 기대하기가 어렵게 된다. 부패, 탈법, 일탈이 정치과정을 지배해 온 이유 가운데 하나다. 준법의식이 부족하거나 성찰적 자기 통제력이 결여되어 있는 이들이 정치권을 과점하면서 자유만능주의, 자본에 부역하거나 노동에 추종하는 정치권력, 비윤리적인 정치권의 관행을 양산해 내게 되었다. 자유민주주의의 철학적 원리를 구현하기에는 실로 배타적인 토대를 구축하고 있는 셈이다.

그런 다원적 차원의 신가족주의는 다시 세대갈등과 엮이면서 복잡성을 더하게 되었다. 대체적으로 보수가 장년층이라고 한다며 진보가 청년층이고, 산업화의 수혜지역이 보수적이라고 한다면 소외지역이 진보적이라는 이분법적 등식이 구성되면서 사회구조적 단절과 갈등은 그 심연을 더하게 되었다(강명구, 2007:5). 그만큼 사회구조의 단절에 따른 내부구성요소간의 소외가 심화될 수밖에 없다.

이런 사회구조적 단절과 갈등은 한국 사회의 압축 성장과정에서 농업사회가 미처 완결되기도 전에 산업사회가 자리 잡고, 산업사회가 진행되는 과정에서 정보사회가 도래한 데에 따르는 사회구조의 중층적 복합구조에 기인하는 바도 적지 않다. 서구식 자유민주주의를 통해서 해결하기에는 사회구조적 단절과 갈등의 심연이 너무나도 깊은 것이다. 서구식 자유민주주의가 작동하기 위해서는 사회구성원들 사이에서 자유민주주의의 기본가치에 대한 공동의 합의가 전제되어 있어야 한다. 이를 위해서는 사회구성원들 사이에 어떤 본원적인 공통의 이해관계나 가치관이 공유되어 있어 야 할 것이다.

그러나 한국 사회의 경우에는 그런 합의에 도달하기 이전 단계 에서 이념 간, 계급 간, 지역 간, 세대 간 갈등의 심연이 먼저 깊어지고, 그 결과 사회구조상의 선형체계 내지는 공통의 연결망 구축에 필요한 여유 공간을 갖지 못하게 되었다. 자유민주주의에 대한 근본적인 합의의 도출 기회를 놓진 셈이다. 이로 인해 시민사 회의 역동성이나 연대력 구축이 취약하게 되었을 것도 물론이다.

이에 반해 국가의 상대적 비중은 커져 있는 것이 한국 사회의 또 다른 현실이다. 우선 한국 사회의 오랜 가치 준거율이라고 할 수 있는 가족주의는 조직이나 기관의 공식적 차원과 비공식적 차원 에서 양자 간의 경계를 모호하게 만드는 성질을 지녔다. 개인의 내밀성 영역이 가족이라는 중간지대를 통해 공적 관계로 확장되는 과정에서 공사구분의 불명성이 일상화하게 되는 것이다. 이로 인해 사적 관계가 공적 관계로 전환되는 과정을 전제 조건으로 하는 시민 사회의 형성이 저급한 수준에 머물게 되었을 것은 당연한 이치다.

그러나 다른 한편에서 보면 이런 모호한 경계구분을 기화로 공 적 권위의 실체인 국가의 간여가 사회 전 영역으로 확산되는 결과 를 낳았다. 국가권력의 편재 현상을 불러온 것이다. 그러나 바로 그런 공사구분의 불명확성 때문에 국가권력의 공적 권위에 대한 수용성 정도가 낮아지면서 정부 정책과정의 완결성 내지는 집행력 또는 집중도가 취약해지는 결과를 가져온 것도 사실이다. 국가권 력이 사회의 어느 곳에서나 목격되지만 그의 문제해결능력은 상대

적으로 취약한 "면적 존재(面的 存在)로서의 국가(강명구, 2007)"를 낳은 것이다.6)

이렇게 국가권력이 공사구분의 경계를 넘나들면서 가족주의 또는 신가족주의적인 최혜 및 최빈 대우를 일삼게 되자 권력이 있으면 해결되지 않는 것이 없다는 식의 권력지상주의가 자리 잡게 되었다. 그 결과 정치권력이 사회의 모든 것을 흡입하는 "소용돌이의 정치(Handerson, 1968)"를 낳았다. 이로 인해 권력이 고도로 중앙집권화되면서 중앙과 지방 간의 격차를 구조화 하는 결과가 되고, 중앙집권화된 권력을 소수의 정치지도자가 장악하고 이를 배타적으로 행사하면서 "카르텔의 정치" 또는 "소수인의 정치"를 불러오게 되었다. 이는 다시 대다수의 일반 시민이 정치과정으로부터 소외되어 "관객"의 지위에 머물게 되었음을 뜻한다.

이렇듯 다차원에서 목격되는 한국 사회의 단절적인 사회구조가 선형체계론에 기초한 뉴톤식 민주주의는 물론이고 정보사회 이후 정당성 기반을 확대하고 있는 비선형 체제론에 기초한 사회관계와도 상합하기 어려울 것은 자명한 일이다. 따라서 정치과정의 새로운 디자인은 물론이고 이를 운영하는 과정에서 작용하게 될 한국 사회 구성원의 가치관 내지는 세계관에 대한 쇄신작업도 함께 요청된다고 하겠다.

---

6) 강명구의 "면적 존재로서의 국가"는 Fukuyama(2004:13)가 말하는 "4사분면형" 국가에 유사하다. Fukuyama는 국가가 담당하는 다양한 기능과 과제를 국가의 활동 범위라고 보고 이를 X축으로 하는 한편, 국가의 정책집행능력을 국가 권력의 힘이라고 보고 이를 Y축으로 삼아 4개의 유형을 구분한 후, 브라질, 터키 등은 국가의 활동범위는 넓으면서 집행력은 취약한 사례라고 보고 이들을 4사분면에 분류했다.

II.
한국 정치의 쇄신준거는 무엇이어야 하는가?

1. 중위민주주의(Mezzo-Democracy)의 모색

한국의 정치가 제대로 작동하지 않는다는 인식은 그 동안 실로 수많은 경세가들로 하여금 정치쇄신대안 개발노력을 경주하게 했다. 실제로 제헌국회 이래 한시도 정치개혁 또는 정치쇄신에 대한 논의가 중단된 일이 없었을 정도다. 그런데 모든 정치쇄신작업은 그것 스스로가 의식하든 의식하지 않던 어떤 규범적 모형을 토대로 진행되기 마련이다. 어떤 준거율이 전제되어 있을 때, 정치과정의 개혁수요를 진단하거나 대안을 개발하는 일이 훨씬 더 용이하고 또 호소력이 크기 때문이다. 실제로 지금까지 진행되었던 국내외 정치쇄신작업의 대부분은 서구식 자유민주주의를 원형으로 삼고, 그 가운데 정부의 모형을 내각책임제로 삼느냐 아니면 대통령제로 삼느냐에 따라 여야당의 관계 개선이나 의회와 행정부의 관계 개선에 주목하고자 했다.

그러나 정보사회의 도래 이후 기존의 서구식 자유민주주의 체제가 더 이상은 효율적으로 작동하지 않게 되었다는 사실이 도처에서 확인되고 있다. 미국의 페로티즘(Perotism)[7] 등장이나 영국의 제3의 길 출현 등이 이를 증명하는 사실적 증거로 인구에 회자된다. 서구식 자유민주주의 체제의 원형인 뉴톤식 민주주의 자체가 정보사회의 도래에 따른 사회구조 변화를 수용할 수 있는 환경론적 접근시각을 결여한 데에서 오는 결과다. 한국의 경우에는 여기

---

7) Perotism의 의의와 등장 배경에 대해서는 Dennis(1994) 참조.

에 더해 사회문화적 토양이 이를 수용하기에는 적절치 않게 되어 있다는 점도 확인되었다. 이는 성공적인 정치쇄신작업을 위해서는 보다 근원적인 개혁수요 진단이 선행되어야 한다는 점을 시사한다.

이런 인식의 연장선상에서 서구식 자유민주주의의 실패 현상을 보다 더 근접 관찰해 보면, 오늘날 서구식 자유민주주의 체제가 실패하는 보다 근원적인 이유는 공동체적인 삶의 유지를 위해 필요로 하는 공익의 실현 내지는 공공성의 확보 문제를 국가주의 패러다임 속에서 찾고자 한 데에 있음을 알 수 있다. 산업화 과정에서 개발된 뉴톤식 민주주의는 공공성의 문제를 간접민주주의를 통해 해결하고자 했고, 간접민주주의는 그의 구체적인 구현 수단을 정당, 선거, 의회 등에서 찾았다. 그런데 이들은 국가의 전개과정에서 대리인이 참정의 권한을 대행하기 위해 의지하는 제도적 장치들이다. 따라서 정치의 실패란 바로 이런 국가기구들의 운영이 국민의 실존적인 삶과 크게 유리되면서 스스로 객체화하고 타자화되었음을 뜻한다. 공공성의 구현문제를 국가기구 중심으로 접근한 결과 법제적으로 확보된 형식적 차원의 참정권을 실체적 차원의 참정권으로 전환하는 데에 실패했다는 의미다. 참정의 주도권을 정치적 대리인에게 넘겨준 데에 실패의 근인이 있는 셈이다.

이런 관점에서 보면 국가주의 패러다임을 벗어나는 일이 정치실패를 극복하는 핵심적 과제임을 알 수 있다. 국민의 대리인이 주도하는 정치가 아니라 국민이 주도하는 정치의 시대를 열어야 한다. 그런데 국민의 일상적인 삶은 시민사회를 토대로 영위된다는 점에 착안해 볼 때, 이는 결국 정치과정이 국가주의 패러다임에서 시민사회 중심의 패러다임으로 전환해야 한다는 것에 다름 아니다. 국가와 시민사회 사이의 권력 재배분 작업이 필요한 이유다. 바로 그 점에서 이는 환원민주주의(auto-democracy)8)를 지향하는 것이기도 하다. 이는 다시 국가와 같은 상부구조가 아니라 생활주변의 일상 속에서 공공의 삶을 개척하고 그 과정을 통해 자아실현과 자기주창성을 확장하자는 것이라는 점에서는 생활정치 패러다임으로의 전환을 뜻한다. 그런데 국가주의 패러다임이 한 사회의 구조나 체제에 주목하는 데 반해 생활정치 패러다임은 일상이나 개인 수준의 참여, 소통, 공감을 통해 공공성을 구현해 나가고자 하는 것이라는 점에서 거시민주주의(macro-democracy)로부터 미시민주주의(micro-democracy)로의 이행을 요구하는 것이기도 하다(조대엽, 2013:7).

이렇게 관심의 초점을 거시민주주의에서 미시민주주의로 이동하는 일은 정치과정에 대한 인식론 차원에서도 정당성을 배가한다. 정치현상에 대한 거시적 접근은 체계나 구조에 주목하면서 기본적으로는 선형체계론에 의존하는 것이 보통이다. 현상에 대한 관찰자가 제3자의 입장에서 정치현상을 관찰하고 규정하며 대안개발에 나서려면 일정한 질서 내지는 예정성이 전제되어 있어야 하기 때문이다. 이런 접근시각은 비교적 정태적인 현상을 규정하는 데에는 유리할지 모르지만 비선형 체계론에서 시사하는 바와

---

8) libcom(2005)에 따르면 이태리의 아나키스트인 Camillo Berneri는 그의 논문 "환원민주주의(Auto-Democracy, 1919)에서 볼쇄비크 혁명이 국가주의를 무너뜨리고 노동자 농민의 자치권 시대를 연다는 환상 속에서 환원민주주의를 주창했다고 한다. 여기에서는 국가주의로부터 시민사회 중심주의로 패러다임을 바꾸어 생활정치 시대를 꿈꾼다는 의미에서 이를 차용했다.

같이 지속적으로 변화하고 신속히 비산하는 가변적 현상을 설명하는 데에는 적절치 않다.

급변하는 현상에 대해서는 관찰자의 좌표가 현장에 밀착될수록 유리하게 된다. 관찰 대상체와 관찰자 사이에 선험적 이론이나 기성의 분석 틀이 개재될 경우 이론의 완성단계에서 이론은 이미 전이론(pre-theory)화하는 숙명을 지니기 때문이다. 따라서 가변적이고 역동적인 현상을 관찰하는 데에는 임기응변적인 또는 상황조응적인 인식을 가능하게 하는 현장개입적인(science engaged) 접근전략을 필요로 하게 된다. 그런데 거시적 접근전략이 현장과 관찰자 사이를 유리시키는 성질이 있는 데 반해 미시적 접근은 관찰자와 현장을 밀착시키는 데에 상대적으로 유리한 성질을 지녔다. 역동적, 가변적 현상에 대한 인식을 위해서는 미시적 접근전략이 유용한 법이다. 따라서 미시민주주의로의 이동은 정치현상에 대한 보다 밀착적인 관찰과 정교하고 즉응적인 분석과 대응을 가능케 하는 전략적 조치로 이해된다.

그러나 정치의 주도권이 완전히 국민 개개인에게 돌아가 생활주변에서 일상적으로 이루어지는 자율적 의사결정의 영역으로 환원되는 경우, 사회공동체 전체로서의 구심력을 잃게 될 위험성을 동반한다. 생활정치 패러다임하의 개인이 자발적으로 공동체 전체의 유익을 위해 자신의 경제적 재화에 대한 처분권이나 자유로운 정치적 의사결정권을 스스로 제한하거나 헌신할 것이라는 가정은 정치적 대리인이 국민에 대한 봉사를 최우선적으로 배려할 것이라는 가정만큼이나 천진난만한 발상이다. 국가로부터 국민 개개인으로 환원된 참정의 권리는 이를 다시 조정하거나 융합하는 과정을 걸쳐 공동체적 가치 내지는 공공성을 확보하는 절차를 필요로 한다. 최소한 국민의 시민적 덕성을 함양하는 조치가 동반되어야 한다.

바로 이점에서 아무리 환원민주주의를 지향해 나간다고 하더라도 국가주의 패러다임을 버리고 시민사회 중심 내지는 생활정치 패러다임으로 완전히 이동하기에는 아직 여건이 충분히 성숙되었다고 보기 어렵다. 시민사회 중심 내지 생활정치 패러다임이 시사하는 공공성 확보 메커니즘이 아직은 분명치 않고 그 결과 기존의 정치과정에 대한 일종의 경로의존성이 작동하고 있음도 알아야 한다. 따라서 기성의 정치체계와 생활주변의 자율적 활동, 사회의 구조와 개인의 행태, 거시적 접근과 미시적 접근, 국가주의 패러다임과 시민사회중심주의 내지는 생활정치 패러다임을 연결하는 접근전략을 필요로 한다. 거시민주주의와 미시민주주의 사이에서 일종의 균형점 내지는 융합적 접근전략을 추구하는 중위민주주의 (mezzo-democracy)9)를 모색하게 되는 이유다. 이는 다시 국가와 시민사회가 협력적 파트너로서 서로의 대화와 소통을 통한 합의제형 의사결정을 지향한다는 점에서는 거번먼트(government)로부터 거버넌스(governance)로의 이동을 말하는 것이기도 하다. 간접민주주의에 직접민주주의적인 요소를 가미하고자 하는 것이라는 점에서는 준직접민주주의(semi-direct democracy)10)에 해당된다.

---

9) 중위민주주의(mezzo-democracy)에 대해서는 Evans & Whitefield (2000: 46-47)를 참조하기 바람.
10) 준직접민주주의(semi-direct democracy)에 대해서는 Toffler & Toffler (1992:20)를 참조하기 바람.

2. 전자민주주의(Digital Democracy)의 도입

오늘날의 정책 환경을 둘러보면 정보사회의 도래로 인해 간접민주주의의 정당성 기반이 되었던 정치과정에 대한 시민참여의 시간적, 공간적 한계가 무너지고 있음을 알게 된다. 고대 아테네의 아크로폴리스에서 운영되던 직접민주주의는 참여자 사이의 의사소통이 가능한 "인간의 육성이 들리는 범위 내의 민주주의"였다. 같은 시간대에 여러 사람을 같은 공간에 겹쳐 놓을 수 없다는 물리적 한계가 직접민주주의의 참여자 수를 한정짓게 했다. 당시에는 최대 5천 명 정도가 직접민주주의의 한계치라고 보았다. 그러나 대중민주주의 시대가 열리면서 참정권자의 수가 급진적으로 확대되자 이들 모두가 동시에 국정에 참여할 수는 없는 노릇이기 때문에 불가피하게 소수의 국민 대표자를 뽑아 그들에게 참정의 권한을 위임하게 된 것이다. 그러나 정보사회의 정보통신기술은 이런 시간적 제약이나 공간적인 한계를 초월해서 의사소통할 수 있는 길을 열었다. 아직 완벽한 기술수준에 도달한 것은 아니지만, 최소한 물리적 제약으로 인해 국민의 국정과정에 대한 직접적인 참여가 불가능한 시대는 이를 마감할 수 있게 되었다.

간접민주주의를 정당화하는 또 다른 이유는 복잡한 사회정책과제를 일상의 삶에 바쁜 보통사람들의 상식적 판단으로는 효율적으로 대응하기 어렵다는 것이었다. 공공선의 관점에서 정치적으로 판단할 수 있는 자질과 전문성을 갖춘 이에게 국정운영을 위임하는 것이 훨씬 더 경제적, 효율적이라고 본 것이다. 그러나 정보사회의 도래는 정보의 역동성과 유동성을 혁신적으로 개선하면서 전문가에 의한 정보독점을 무너뜨리고 보통사람도 전문가 이상의 정보를 생산하거나 소비할 수 있는 길을 열었다. 정보통신기술의 발달로 인해 전자우편이나 SNS에서 보는 바와 같이 소통의 동시성에 대한 주문을 극복하면서 일상의 삶에 바쁜 이들로 하여금 언제 어디서나 자신이 원하는 때 소통할 수 있게 되었다.

대의민주주의를 견지해야 하는 전제조건들이 무너지고 직접민주주의를 구현할 수 있는 여건이 조성되고 있는 것이다. 여기에 더해 보통사람들의 정치과정에 대한 참여욕구도 급격히 확장되고 있다. 정보사회의 도래는 보통사람들을 정보의 단순한 수동적 소비자가 아니라 적극적 생산자이기도 한 존재로 탈바꿈시켰다. 정보의 배타적 공급자에 의해 구축되고 관리되는 수직적 계서구조에 순응해야 했던 환경에서 벗어나 스스로 개척하는 수평적 사회관계망의 주도적인 조타수가 되게 한 것이다. 수직적 상의하달이 아니라 수평적 담론과 참여를 통한 상호작용과 공존의 시대를 열었다. 기성의 권위구조에 순응하는 의무적 시민(dutiful citizen)에서 자기실현적 시민(actualizing citizen)으로 이동할 수 있게 된 것이다(윤성이, 김주찬, 2011:144-146).

이렇듯 시민은 이제 보다 더 자기중심적이고 주동적인 존재가 되었다. 스스로 통치하고 적극적으로 참여하려는 욕구가 충만해진 상태다. 이런 상황 속에서는 상명하달식으로 타율적인 의사결정이 이루어지는 경우, 정당성 기반을 확보하기가 어렵다. 정책에 대한 순응성 확보가 쉽지 않게 되는 것이다. 이러한 현상은 사회관계의 불확실성에 의해 배가된다. 사회관계가 불확실할 경우, 그런 가변적 상황에서는 어느 누구도 미래를 말할 수 없고, 미래를 말할 수 없으니 선각자가 있을 수 없으며, 선각자가 없으니 타인의 프레임에 의존해야 할 이유가 없게 된다. 시민 스스로가 자신의 운명을 조타해야 하는 시대가 온 것이다.

따라서 이런 자기중심적인 시민이 스스로 정치과정에 보다 더 용이하게 참여하고 소통하며 주도적으로 활동할 수 있게 정치과정을 재디자인하는 일은 정치쇄신과정의 매우 당위적이고 핵심적인 과제에 속한다. 정치과정에 대한 시민참여기회의 확장을 위해서는 정치정보소통의 용이성, 경제성, 신속성, 광역성 등을 필요로 하는 만큼 정보통신기술을 활용한 전자민주주의의 도입이 시급한 과제로 제기된다. 물론 전자민주주의의 도입이 결정론적으로 시민의 자유와 권리를 확장하고 참정권을 실체화하는 것은 아니다.

전자민주주의에 대한 도구주의적인 시각에 의하면, 정보통신기술은 그것 자체로서는 아무런 정치적 논리나 특성을 지니는 것이 아니다. 그렇기 때문에 이를 정치과정에 참여하는 이들이 어떻게 활용하느냐에 따라 민주주의에 미치는 영향은 양가적일 수밖에 없다. 정보통신기술과 민주주의의 관계는 선형체계론이 상정하는 것처럼 단선적이거나 결정론적인 것이 아니라 정치사회적 환경과 조건에 따라 유동하는 성질을 지녔다. 이런 관점에서 볼 때 민주적인 국가 특히 시민사회의 역동성이 높은 곳에서는 인터넷같은 정보통신장치가 시민사회의 민주적 역량을 강화하는 데 기여하지만 비민주주의적인 국가에서는 그렇지 않다(고경민, 송효진, 2007: 115-116)는 점에 유의해야 한다. 따라서 현 단계의 한국 사회가 과연 전자민주주의를 도입할만한 정치사회적 조건 내지는 욕구를 지니고 있느냐를 검토해 보는 일은 전자민주주의 도입과정의 필수적 과제쯤에 해당된다.

3. 자기중심주의(self-centeredness)의 구현[11]

현 단계의 한국 사회를 진단하기 위해서는 지금까지의 진행경로를 평가해 볼 필요가 있다. 현재의 한국 사회는 당연히 과거의 응축물이기 때문이다. 그런데 어떤 사회의 역사적 경험은 그 사회를 구성하는 개개인의 상호작용 속에서 빚어진다. 이와 관련하여 인간욕구성장 5단계론을 제시한 마슬로(Maslaw, 1970)에 의하면 인간은 자신에게 부여되는 동기의 성질에 따라 달리 반응하며 그 달라지는 반응의 내용이 성취되는 데 따라 변화의 방향과 성질을 달리 한다는 것이다. 그리고 그런 인간에게 부여되는 동기는 단계별로 상이한 인간의 욕구에 따라 달라진다고 했다. 그녀의 이런 "인간의 욕구"는 낮은 단계에서부터 시작하여 그것이 충족됨에 따라 차츰 상위 단계로 이동하는 성질을 지녔다.

마슬로의 가장 본능적이고 저급한 수준의 욕구는 생리적 욕구이고 순차적으로 안전에 대한 욕구, 귀속감 내지는 사랑과 같은 사회적 욕구, 자아존중의 욕구, 자아실현의 욕구로 이동한다. 사회도 바로 이런 개인들이 모여 이루어진다는 점에 착안해 보면, 어떤 사회가 추구하는 목적가치 내지는 시대정신도 이와 같이 그 사회가 필요하다고 판단하는 과제에 대한 수요가 충족되어야 다음 단계로 이동하는 가운데 성장 또는 발전하는 것이라고 말할 수 있을 같다. 그런데 어떤 단계의 사회적인 수요가 충족되었다는 것은

11) 박재창(2012:40-44)를 발췌, 참조했다.

그런 문제를 해결할 수 있는 능력이 그 사회에 확보되었다는 것에 다름 아니다. 저급한 수준의 문제해결능력이 확보될 때 다음 단계의 과제 해결능력에 대한 도전이 가능하며 바로 이런 양식에 따라 한 사회는 성장 또는 진화한다고 추론해 볼 수 있다.

그런데 마슬로의 제1단계 욕구인 생리적 욕구(physiological needs)는 인간의 가장 원초적인 본능이라고 할 수 있는 따뜻함이나 거주지, 먹을 것 같은 것에 대한 욕구를 말한다. 인간은 빵만으로 사는 것은 아니지만 정말로 굶주리고 있는 사람에게 있어서는 빵 한 조각이 전부인 것이다. 춥고 배고픈 문제의 해결능력이 확보되어야 다른 욕구에 도전할 수 있게 된다. 그런데 우리는 건국 초기에 이런 원초적인 문제 해결능력을 확보하지도 못한 상태에서 국가형성의 초기적 장치라고 할 수 있는 헌정주의 구현에 필요한 제도적 장치를 정착시켜 사회경제적 통일체계를 갖추고자 했다. 마슬로의 관점을 빌리자면 인간이 근본적으로 신체적인 또는 감정적인 위험으로부터 보호되고 안전해지기를 바라는 제2단계 욕구에 부응하고자 한 것이다. 이런 건국과정은 생리적 욕구를 충족시킬 수 있는 능력이 확보되지도 않는 상태에서 시도되었다는 점에서 당연히 혼란과 비효율을 불러올 수밖에 없었으며 혁명적 방법에 의해 생리적 욕구 해결을 위한 산업화 시대로 강제이동하게 되었다.

산업화와 그에 따른 경제발전이 이뤄지면서 생리적인 욕구가 충족되기 시작하고 그 과정에서 건국의 과제였던 안전에 대한 욕구도 채워지면서 다음 단계인 소속감과 애정에 대한 욕구(belongingness and love needs)의 시대로 이동하게 되었다. 소속감과 애정에 대한 욕구는 한마디로 집단을 만들고 싶다, 동료들로부터 받아들여지고 싶다는 욕구라는 점에서 사회적 욕구(social needs)로 이해된다. 인간은 사회적인 존재이므로 어느 공동체의 소속원이 되거나 자신이 다른 집단에 의해 받아들여지기를 원하고 동료와 친교를 나누고 싶어하기도 한다. 바로 이렇게 다른 이들과 조화로운 삶을 영위하고자 하는 욕구는, 그런 관계가 가능하도록 규율하는 보다 객관적이고 그에 따라 사회구성원 모두가 흔쾌히 수용할 수 있는 기준율을 필요로 하게 된다. 가장 민주적인 것이 가장 사회적이며 객관적이고 수용성 높은 제도라는 점에서 절차적 민주주의에 대한 요구가 커지게 되고, 그에 대해 반응할 수 있는 사회내부 능력의 확보가 절차적 민주화의 성취로 나타났다.

그런데 현 시점의 한국 사회는 절차적 민주주의가 정착되면서부터 사회변화에 더 이상의 진전이 없다는 점에 대해 또는 오히려 퇴행하는 경향마저 보인다는 점에서 불만이 팽대한 상태에 있다. 정치사회발전의 정체기인 셈이다. 이렇듯 절차적 민주주의를 수용할 수 있는 사회체제능력이 확보되었음에도 불구하고 다음 단계의 욕구를 충족하려는 도전이 이루어지지 않는 데에 대한 불만이 분출할 것은 당연한 이치다. 그런데 마슬로에 의하면 사회적 욕구가 채워진 다음 단계의 욕구는 존경에 대한 욕구(esteem needs)라는 것이다. 현 단계 우리사회에 팽대해 있는 정치사회적 불만의 핵심은 존경에 대한 욕구를 반영하는 정치사회체계로의 전환이 이루어지지 않는 데에 대한 울분이라고 하여도 과언이 아닌 것이다.

인간은 어디에 속하려는 욕구가 어느 정도 충족되면 어느 집단의 단순한 구성원 이상의 것이 되기를 원하게 된다. 이는 내적으로 자존·자율을 성취하려는 자기존중의 욕구이며 자신이 속한 집단의 운명을 조타하는 자기 의사결정의 주체가 되고자 하는 욕구다. 집단 내에서 어떤 지위를 확보하려는 욕구, 즉 외적 존경에 대한 욕구로 구체화 된다. 이를 정치사회적 관계로 치환해 보면 정치적 의사결정과정에 대한 참여의 욕구, 피동적 주체가 아니라 주동적 주체가 되고자 하는 욕구, 그렇기 때문에 국가에 의한 일방주의가 아니라 국가와 시민사회 간의 쌍방주의적 의사소통을 요구하는 것으로 이해된다. 오늘날 "더 많은 민주주의" 내지는 "더 많은 자유주의"에 목말라 하는 이유다.

마슬로는 또 일단 존경의 욕구가 어느 정도 충족되기 시작하면 다음에는 "나의 능력을 발휘하고 싶다", "자기계발을 계속하고 싶다"는 자아실현의 욕구(self-actualization needs)가 강력하게 나타난다고 보았다. 이는 자신이 이룰 수 있는 것 혹은 될 수 있는 것을 성취하려는 욕구를 말한다. 즉, 계속적인 자기발전을 통해 성장하고, 자신의 잠재력을 극대화함으로서 자아를 완성시키려는 욕구다. 이를 정치적 관점에서 보면, 단순히 대리인 체제로부터 직접 자신이 국정을 주도하는 참여민주주의 시대로의 이행만을 주문하는 정도가 아니라 이를 통해 소속집단 외부의 운명에 대해서도 영향을 미쳐보고자 하는 것으로 이해된다. 공동체 운영의 주도권을 확보하고자 하는 셈이다.

이제 이 시대의 사회적인 요구는 자아실현의 정치, 자기중심적인 욕구가 작동할 수 있는 정치체제를 갖추어 달라는 것이고, 그런 점에서 전자민주주의에 대한 사회적인 요구가 팽대한 상태에 있으며 이를 운영할 수 있는 여건도 갖추어져 있다고 말할 수 있다.

다만 그런 자기중심적인 정치, 자기가 주도하는 참여민주주의를 운영함에 있어 필요충분조건을 모두 갖추고 있느냐에 대해서는 보다 정밀한 진단을 필요로 하는 것도 사실이다. 이렇듯 자기주도형 정치시대를 열고자 할 때에는 공동체적 삶을 약속할 시민성 즉 민주시민으로서의 소양에 대한 수요가 더 커지기 때문이다.

III.

한국 정치의 쇄신전략은 무엇인가?

1. 정치과정의 연결성 확보

국가주의 패러다임으로부터 시민사회 중심의 생활정치 패러다임 쪽으로 이동하자는 주문은 국정운영의 주도권을 국가로부터 국민 개개인에게로 환원하자는 것에 다름 아니다. 그러나 그렇다고 해서 통상 아나키스트들이 주창해 온 바와 같이 기존의 국정운영시스템 자체를 철저히 외면하자는 것은 아니다. 그 시스템의 운영주도권을 국민에게 돌려주자는 것일 뿐이다. 설사 국민 개개인에게로 국정 운영의 주도권이 넘어가더라도 그것을 통한 생활정치가 공공성을 동반하기 위해서는 이를 다시 통합, 결속시키는 과정과 장치를 필요로 하는 까닭이다.

이런 관점에서 보면 국가와 시민사회를 이어주는 국정운영 메커니즘이 체계적으로 연결되고 또 원활히 작동하고 있는지를 점검해 보는 일은 정치쇄신작업의 최우선적인 과제에 해당된다. 국가와 시민사회를 연결하는 정치과정은 통상 정당, 선거, 의회에 의해 구성된다. 이들 사이의 관계를 비선형 체계론적 시각에서 점검해 보면 서로 단절된 별개의 과정이나 단계가 아니라 서로 연계되어 점진주의적으로 전개되는 프리즘적 관계에 있음을 알 수 있다. 정당, 선거, 의회는 서로를 구분하는 경계 개념에 의해 분리되는 것이 아니라 기능적으로 상호 연계되어 있고 서로 영향을 주고받는 관계에 있기 때문이다. 결국 정치과정이란 시민사회의 사적 관계로부터 출발하여 정당, 선거, 의회로 진행하면서 공적 관계로 전환하여 종당에는 국가에까지 이르게 되는 것이다.

따라서 이들 사이의 관계를 기능적으로 연결한다는 것은 생활세계의 정치활동이 공공성을 지니는 국가의 공적 정치활동으로 전환할 수 있게 징검다리 내지는 사다리를 놓아준다는 의미로 해석된다. 이런 의미의 사다리가 없다면 국정과정에 대한 국민의 주도적인 참여는 연목구어에 지나지 않는다. 따라서 정치쇄신의 문제를 부분적 과제의 해결에 치중하는 패치워크가 아니라 전체적이고 유기적인 기능성 확보에 주목하는 총합적 시각에서 접근할 경우, 정치과정 단계별 쇄신과제의 진단도 중요하지만 각 단계를 연결시키는 장치가 제대로 마련되어 잘 작동하고 있는 지를 점검하는 일이 핵심적 과제를 이루게 된다.

이에 따라 국가와 시민사회의 관계를 조명해 보면, ① 의회↔선거의 연결(예를 들면, 선거제도 개혁), ② 선거↔정당의 연결(예를 들면, 공천제도 개혁), ③ 정당↔시민사회의 연결(예를 들면, 정책네트워크의 구축), ④ 의회↔정당의 연결(예를 들면, 국회 중심 정치체제로의 전환), ⑤ 의회↔시민사회의 연결(예를 들면, 전자국민창안제 도입), ⑥ 선거↔시민사회의 연결(예를 들면, 선거운동자유의 획기적 확대) 문제에 주목할 필요가 있음을 알게 된다. 이를 도식으로 그려보면 다음의 〈그림 1〉과 같다.

그런데 이런 정치과정의 제도화 네트워크를 점검하는 과정에서 유의해야 할 과제는 국가와 시민사회를 연결하는 고리의 길이가 짧을수록 좋다는 점이다. 전환비용을 줄일 뿐만 아니라 참정의 직접성 구현에도 기여하기 때문이다.

이런 관점에서 한국 정치의 현주소를 진단해 보면 현재의 단절적 동원정당 중심의 정치과정을 네트워크를 중시하는 개방형 정책

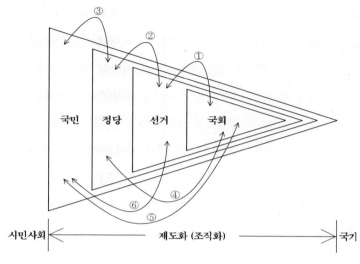

<그림 1> 정치과정의 연결구조

정당체제 중심으로 전환할 필요가 있다. 한국의 정당정치체제에 내포되어 있는 최우선적인 과제는 국가와 시민사회를 연결해야 하는 정당이 상명하달식 운영체계로 관료조직화하면서 일상 속의 국민과 사실상 단절되는 결과를 낳고 있다는 점이다. 정당을 통한 국민 참여가 활성화되려면 정당 조직 스스로가 자체의 기능적 경계를 초월하는 수평적 네트워크 체제로 전환해야 하고, 그렇게 되면 국회와 일반 시민 간의 거리가 상대적으로 짧아지게 된다.

이런 관점에서 보면 지금까지 대부분의 한국 정당이 추구해 왔던 대중정당 중심에서 원내정당의 방향으로, 이념정당에서 선거정당 의 방향으로, 경성정당에서 연성정당의 방향으로, 간부정당에서 유권자정당 방향으로 운영의 중심축을 이동할 필요가 있다. 대중정 당은 주로 계급적 이해관계를 대변하는 과정에서 이념적 경직성과 계서적 구조에 의존하는 성질을 지녔다. 이에 반해 원내정당은 의회가 직접 유권자와의 소통과 협의를 통해 일상의 개별적 정책과제를 조정해 나가려하는 특징을 지닌다. 그런 점에서 원내정당은 대중정당의 수직적 연계체제를 우회해서 유권자와 직거래하려는 성질을 지니는 셈이기도 하다. 같은 이치로 이념정당은 이념적 질서의 구현을 위해 정당내부구조를 과두제화하는 성질을 지녔다. 그러나 선거정당은 이런 수직적 프레임에서 벗어나 보다 더 유권자와 수평적 결속력을 높이려고 하게 된다. 경성정당은 일반적으로 이데올로기를 중심으로 당의 통일성과 규율성을 유지하고자 하는 것이기 때문에 경직적인 수직구조를 강화하는 성질을 지녔다. 반면에 연성정당은 보다 개방적이면서 다양한 형태의 자발적 결사체들을 연결하는 성질을 갖는다. 보다 더 시민사회 친화적이고 개방적이며 수평적인 네트워크를 강조하는 셈이다. 간부정당의 경우 선거과정에서 후보자 선정권을 간부회의가 장악하는 데 반해 유권자 정당의 경우는 미국의 예비선거제도에서 보듯이 유권자의 참여를 통해 결정하는 것이 보통이다. 간부정당이 이런 후보자 추천권을 중심으로 수직적 통제체제를 강화하는 데 반해 유권자 정당은 보다 수평적인 권력구조를 지향하게 된다. 수직적 연계체제로부터 수평적 협력체제로 전환해 나갈 수 있게 되는 것이다.

그런데 이런 변화에 결정적 영향을 미치는 과제는 전자민주주의의 도입을 통한 융복합구조의 창출에 있다. 오프라인 중심에서 온오프라인을 함께 아우르는 융복합체제로 전환하자는 것이다. 정보사회의 도래는 정보통신기기의 활용을 통해 사이버 공간을 창출하면서 기존의 정책과정에 새로운 정치공간을 추가하게 된다. 그리고 이런 사이버 공간은 기존의 정책과정에 내포되어 있던 물리적 장애를 극복하면서 국민 참여의 제약요인을 제거하고 직접화하는 성질을 지녔다. 후기근대의 복잡성, 다양성, 급변성, 다원성, 광역성, 특정성에 조응하기 위해서도 온오프라인 융복합체제로의 전환은 필수적 과제다. 국가와 시민사회를 연결하는 과정을 보다 더 개방화, 수평화, 신속화하는 성질을 지녔기 때문이다.

정보통신기기의 이러한 속성은 정책과정의 환류체계를 강화하는 데에도 기여한다. 지금까지 대의과정에 대한 논의는 대체로 투입과 산출과정에 초점이 맞추어져 있을 뿐 환류과정에 대해서는 크게 주목하지 않았다. 그러나 정당, 선거, 의회에 의해서 구성되는 정치과정이 사전적으로는 입법과정이지만, 사후적으로는 국민고충과 민원 처리과정이라는 인식의 도입이 필요하다. 왜냐하면 환류과정으로서의 민원처리는 정책개발과 법률재개정의 기초정보로 활용되면서 정책과정을 하나의 완성된 연쇄고리로 만들기 때문이다. 특히 "정부실패"의 시대 이후 뉴톤식 민주주의 체제가 본래의 기능을 제대로 수행하지 못한다는 점에 주목해 보면, 정부는 언제나 필연적으로 국민고충이나 민원사안을 유발하기 마련이라는 점에 유의해야 한다. 정부의 정책과정은 지속적인 자기수정 장치를 필요하게 되었다. 그런 만큼 민원처리를 대의과정의 핵심 기능 가운데 하나로 간주하면서 의회와 정당을 일종의 서비스 제공 기구로도 보려는 인식상의 전환이 요구된다. 그런데 이런 환류체제를 구축하려면 당연히 전환비용의 증가를 필요로 하게 된다. 그러나 이를 정보통신기기에 의존하는 경우 혁신적인 비용절감이 가능하게 된다. 무엇보다도 중요한 것은 환류의 전과정에 대한 시민참여의 용이성이 증가한다는 데에 있다.

2. 대안개발의 전략적 요소

1) 분권

국가중심의 패러다임이 시민사회중심의 생활정치 패러다임으로 이동하는 과정에서 그 이동과정이 구체화하는 — 국가와 시민사회를 이어주는 — 의사결정의 연쇄고리는 그 길이가 짧을수록 좋다는 점은 이미 밝혀진 바 있다. 그런데 이미 구축되어 있는 이동과정의 의사결정 연쇄고리를 짧게 만들려면 의사결정의 중추를 분산하는 것이 가장 효과적인 방법이다. 이를 위해서는 수직적 차원과 수평적 차원의 분권을 모색해 볼 수 있다.

먼저 수직적 분권은 정치적 의사결정권 행사의 소재지를 생활정치 근린으로 이동함으로서 사회정책과제에 대한 대응성, 유연성, 책임성을 높여보자는 것이다. 정부와 일반 시민사회를 이어주는 계서적 질서의 길이가 짧을수록 소통에 따르는 시간의 지체, 정보의 왜곡, 권력의 남용 기회를 줄여주게 될 것은 정한 이치나 같다. 정부의 최종 산출물에 대한 예측성 및 관찰가능성을 높이고 그 결과 안정된 공동체 생활을 영위할 수 있게 해줄 것으로도 기대된다. 특히 급변하는 사회에서는 환경변화에 대한 조응을 통해 지향하는 목표를 신속하게 재해석하거나 조정할 수 있게 된다. 계서적 구조의 길이가 길 경우 정책 환경이 급변하고 그에 따라 정책과정의 불확실성이 높아지면서 원하는 목표달성을 위해 필요한 타당성 높은 대안이 무엇인지를 알기가 쉽지 않게 된다. 이럴 경우 명령과 통일의 관리체계 자체가 무용지물이 되고 만다. 대리인에 의한 정책결정보다는 자기 자신에 의한 의사결정에 보다 근접하는 것이라는 점에서는 국민주권의 정신에 보다 더 충실해지는 조치이기도 하다.

　이런 수직적 분권의 대표적인 방안으로는 중앙정부 권한의 지방 이양이 있다. 그렇게 해야 풀뿌리 민주주의가 가능해지고, 그에 따라 지역공동체의 형성이나 지역정치의 활성화가 이루어지고, 그래야 지역주민의 정치과정에 대한 실질적인 참여가 활성화된다. 보다 더 주목할 점은 지구화 시대의 도래에 따라 한 나라의 정책결정체계가 다른 나라의 그것과 상호작용하는 가운데 정책과정의 복잡성이 증대하고 있다는 사실이다. 이런 현상에 보다 효율적으로 유연하게 대응하기 위해서도 중앙정부 권한의 지방이양을 통한 지방정부의 활성화는 불가피한 과제다. 지방정부가 직접 다른 나라와 접촉하면서 지역판촉에 나설 경우 전환비용을 줄이는 것은 물론이고 대외경쟁력도 높이게 될 것이기 때문이다. 이런 분권적 구조를 도입하는 일은 정당내부에서도 같다. 현재와 같이 정당이 특정인이나 집단에 의해 사당화하는 현상을 극복하기 위해서도 정당의 내부구조를 분권형으로 개편하여 권력의 중추를 다핵화할 필요성이 제기 된다.

　이런 분권전략은 정보사회의 도래이후 정책결정체계가 보다 빈번하게 교착상태에 빠지는 현상을 극복하는 데에도 기여한다. 사회관계의 소중화가 심화되면서 공통의 이해관계를 공유하기가 쉽지 않고, 그 결과 소수의 언권이 커지면서 정책결정체계가 교착상태에 빠지는 일이 빈발하게 되었다. 이는 정책과제처리과정의 병목현상에서 비롯되는 것이기도 하지만 서로 다른 성격 내지는 지향점을 지니고 있는 과제를 국가 또는 중앙정부라고 하는 단일 정책결정체제가 담당하는 데에서 오는 일이기도 하다. 갈등의 중층화를 불러온다는 말이다. 따라서 한 곳에서 모든 정책과제를 다루기보다는 의사결정 중추를 분산해서 업무의 폭주로 인한 병목현상이나 이해관계의 대립이 중첩되는 데에서 오는 교착상태를 미연에 방지할 필요성이 대두된다. 중앙정부가 다루어야 할 과제와 지방정부가 다루어야 할 과제를 구분하여 업무처리과정을 재배치한다면 정책결정과정의 교착상태 완화에 크게 기여할 수 있을 것이다. 의사결정 중추의 분산(decision division, Toffler & Toffler, 1992:21)이 필요하다는 뜻이다.

보다 구조적인 관점에서 보면 한국과 같이 소수의 엘리트에게 편재되어 있는 정치권력의 독과점구조를 타파하고 정치과정의 민주성을 높이려면 기득권을 분산시켜 다수의 국민에게 참여의 기회를 확대하는 일이 급선무이다. 그럴 경우 기득권 집단에 의해 좌우되는 로비정치의 폐해를 줄일 수 있으며, 여론에 맹목적으로 추수하는 중우정치(mobocracy)를 극복할 수도 있다. 특히 중우정치의 위험성은 미디어에 대한 의존성으로 인해 심화되기 마련인 데 미디어에 의한 여론의 왜곡이나 조작을 극복하는 방안도 가장 원초적으로는 현장밀착형 정치체제를 고안하는 데에서부터 찾아진다. 여론에 추수하는 중우정치는 현장에 뿌리를 둔 사실적 과제에 대한 심사숙고 없이 단순히 인상주의적 세론의 흐름을 추수하려는 데에서부터 비롯되기 때문이다. 현장밀착형 정치체제를 구현하고자 한다면 기존의 정치과정을 분권화해야 할 것은 물론이다.

이런 분권에 대한 수요를 수평적 차원에서 찾아본다면 정부기관 사이의 힘의 균형화 내지는 견제와 긴장의 관계 회복문제에 주목하게 된다. 한국 사회와 같이 행정부에 의한 의회의 지배가 일상화되어 있는 곳에서는 의회의 대 행정부 통제력 강화가 수평적 분권의 실질적 대안으로 제기되어야 마땅한 일이다. 국회의 대 행정부 통제권 강화를 위한 제도적 장치의 고안에 주목하게 되는 이유다.

2) 공개

정보공개는 정보공유의 전제조건이고 정보공유는 동일 정보에 대해 누구나 차별 없이 접근하고 활용할 수 있게 된다는 것을 뜻한다(김동욱 외, 2009:28). 개방체계론이나 환경론적 접근은 이렇듯 조직과 환경, 상위체계와 하위체계 사이에서 차별 없이 정보의 공개와 공유가 일어난다는 것을 전제로 구성된다. 따라서 폐쇄체계론에 의존하는 뉴톤식 민주주의가 권력의 집중이나 과두제화 현상을 낳는 것은 당연한 일처럼 여겨진다. 이를 완화하고 민주화를 촉진하려면 조직이나 기관의 경계를 넘는 정보의 유통, 즉 환경과의 소통이 담보되어야 할 것이다. 기성의 정치체계가 소수인에 의해 권력적으로 왜곡되어 온 이유는 근본적으로 정치정보의 배타적 지배를 허용했기 때문이다. 정치권력의 카르텔 구조를 타파하려면 권력을 분산시켜야 하고, 권력의 분산은 정보의 공유에서 가능해지며, 정보의 공유는 정보의 공개와 기관 투명성 유지에서 비롯된다. 이는 정당 내부에서도 같다. 정당의 사당화 현상이나 과두제화 현상은 결국 당내정보를 소수인이 배타적으로 독과점하는 데에서 비롯된다. 불공정 경쟁이나 부패와 권력남용도 관련 정보의 비공개에서 비롯될 것은 물론이다.

정보의 공개는 또 정치과정의 생산성과 효율성을 높이는 데에도 기여한다. 정보의 공개는 정치과정에 참여하는 다양한 이해관계자들의 상호 이해를 촉진시키거나 일종의 사회화 효과를 동반하면서 현상의 의미나 문제의 성격을 유사하게 규정하고 인식하도록 유도하고, 그 결과 이견의 분출에 따르는 사회적 비용의 총지출을 줄이게 된다. 상이한 배경과 이해관계를 지닌 사람들이 상호 협력하거나 공존하는 과정에서 오해를 불식시키거나 공통의 이해관계를 확인하는 출발점을 제공하여 불필요한 갈등이나 이해충돌의 유발 가능성을 줄이고 보다 협력적인 관계의 창출에 기여하는 것이다. 같은 맥락에서 정보의 공유는 또 상호불신을 제거하는 심리적 토대가 되기도 한다. 정보의 공유 자체가 일종의 집단 문화로 정착하면서 신용사회 내지는 신뢰에 기반한 네트워크를 창출하고, 그 결과 보다 더 자발적으로 정보를 공개하고 공유하려는 동기, 즉 정보공개의 유수효과를 낳게 된다. 보다 더 많은 정보의 공유와 소비가 이루어지면서 정책결정의 질적 수준을 높이고 이로 인해 결과적으로 사회구성원에게 질 높은 정책을 소비할 수 있는 환경적 토대를 제공하게 된다. 보다 더 응집력 있는 사회, 보다 더 통합적인 사회관계의 창출을 용이하게 하는 것이다.

정보의 공개는 시민 개개인이 국가의 정책과정에 보다 민감하고 정확하게 반응할 수 있게 해주고, 그 결과 국가의 정책 대응성이 높아지면서 시민의 정책과정에 대한 참여를 활성화하는 길을 열게 된다. 정부의 정보공개 없이 시민이 정책과정에 참여한다는 것은 그 자체로서 불가능한 일이다. 특히 정책과정에 관련된 정보의 공개 없이 시민이 정책과정을 효과적으로 감시하고 통제한다는 것은 불가능한 일이다. 국가의 정책과정에서 유발되기 마련인 비밀주의, 부패, 권한의 남용, 인권의 유린 등을 감시, 감독하고 시정 조치하는 일은 정보의 공개가 전제적 조건이다. 그러나 무엇보다도 중요한 것은 국가의 정책이 시민이 원하는 바가 무엇인가를 파악하는 것만으로는 완성될 수 없다는 점에 있다. 엘리트에 의한 상황진단 및 평가가 반영되어 균형민주주의가 구현되어야 이상적인 정책결정에 이를 수 있다. 따라서 엘리티즘과 포퓰리즘 사이의 융합과 성찰적 대안의 모색이 요구되는 바, 이는 서로의 정보에 대한 공개와 공유 없이 불가능한 일이다(Roussopoulos & Benello, 2005). 균형민주주의는 정보공개를 전제할 때 그의 정당성 기반이 구축되는 셈이다.

사실 정치과정의 정보공개는 헌법상 보장되어 있는 국민의 알권리에 해당되는 것이기도 하다. 이는 정보의 공개가 국민의 기본권 구현에 있어 핵심적 요소임을 뜻한다. 사상의 자유나 표현의 자유와도 연동되어 있다. 사상이나 의견의 자유로운 표현은 자유로운 의사의 형성을 전제로 한다. 그런데 자유로운 의사의 형성은 정보에 대한 접근이 충분이 보장될 때에나 가능한 일이다. 그런 점에서 정보의 공개는 국민주권의 실질적인 보장수단인 셈이다. 이런 관점의 연장에서 보면 사회구성원의 다양성을 수용하고 발양하자는 것이기도 하다. 그리고 그런 다양성에 기초한 사회적 관계가 유기적으로 연결되도록 하기 위해서도 정보의 공개는 요구된다. 정보자원은 네트워크 형성의 핵심적 구성요소라는 의미다.

정보의 공개가 국민의 기본권 보장과 연동되어 있다는 관점에서 볼 때 법 앞의 평등은 정보의 공개과정에서 유지되어야 할 가장 기본적인 가치이자 덕목이지만 정보의 공개가 달성하고자 하는 궁극적인 목표이기도 하다. 공평한 정보 공개가 이루어져야 공정한 사회의 구현이 가능하게 된다. 이는 정책과정에서 생산되는 정보는 국민의 세금으로 만들어지는 것인 만큼 납세자에게 돌려주어야 마땅하다는 주장과도 연동되어 있다. 바로 이점에서 정보의 공개는 그 자체로서 가치 있는 일이기도 하다. 이렇듯 정보의 공개는 민주정체의 상징적 조치에 해당된다. 인간의 존엄과 가치를 지키기 위한 필수적 과제이며 특히 국민의 권익을 보호하는 데 있어 핵심적 구성요소다.

3) 참여

뉴톤식 민주주의의 대표적인 구현양식인 대의민주주의는 국민의 참여를 토대로 구성된다. 기실 참여는 대의민주주의를 가능케하는 필수적 요건이자 정당성 기반이다. 정치적 대리인이 국민의 참정권을 대행하기 위해서는 국민의 승인과 동의가 전제되어야 하기 때문이다. 그러나 이때의 참여는 소극적, 수동적, 형식적 참여에 지나지 않는다. 무엇보다도 대의민주주의에서의 참여는 기본적으로 개인의 사적 이익을 지키거나 방어하고자 하는 동기에서 비롯되는 것이 대부분이기 때문이다.[12] 엘리트 민주주의에 대

---

12) 참여의 보호적 기능에 대해서는 벤담, 제임스 밀, 슘페터, 다알, 던컨과

한 방어기제 내지는 그에 대한 소극적, 수동적 대응의 결과인 셈이다(김비환, 2007:2). 따라서 대의과정에 참여하는 개개인은 공동체 구성원으로서의 인식을 앞세우거나 공공성의 추구 같은 도덕적 과제에 주목하려 하지 않는다는 한계를 지니게 된다. 이럴 경우 공공성에 대한 배려나 인식이 부족함으로 소수의 집합이 다수가 되거나, 또는 사익의 누적치가 공익이 되는 과정에서 개인 중심의 환원주의 사고가 지배하게 될 것은 당연한 이치다.

따라서 국민 개개인에 의한 사익의 추구가 결과적으로 공공선이나 공익을 지향하게 하려면 이런 환원주의 사고를 극복하는 일이 급선무가 된다. 그런데 이를 위해서는 사익과 사익 사이의 경계를 허무는 일이 필요하고, 이는 사익과 사익 사이의 경계를 넘는 정보의 교환과 학습, 그에 따른 기존인식의 교정 내지는 수정을 거쳐 새로운 질서로서의 사익 융합에 도달할 수 있어야 한다. 사익의 단순 누적치가 아니라 그들 사이의 화학적 융합이 일어나야 하는 것이다. 그렇게 되려면 사익을 추구하는 정치과정 참여자들 사이의 대화와 담론이 활성화되어야 한다. 정치적 의사결정에 대한 법제적, 형식적 권위가 아니라 소통을 통한 권위의 승복과 승인이 일어나야 하는 것이다. 이를 위해서는 보다 더 적극적으로 국민이 정치과정에 참여해야 한다는 데에 이의를 제기할 여지는 없다. 형식적인 의미의 다수를 실질적인 의미의 다수로 전환하기 위해서는 보다 적극적인 참여가 필수적 과제다.

참여는 이렇듯 대의민주주의의 결손을 보완하고 공동체적 가치

럭스, 베렐슨, 라자스펠트같은 경험주의적이며 엘리트주의적인 민주주의 이론가들에 의해 계승되었다(김비환, 2007:3).

를 강화하는 성질을 지닌다. 참여가 정치적 대리인에 의한 자의적 의사결정 기회나 왜곡 가능성을 제한한다는 점에서는 정치과정에 대한 감시, 감독 및 직접화를 통해 대의민주주의의 타락 가능성을 예방하거나 시정하는 효과를 동반하기도 한다. 참여를 통해 정치적 효능감이 증대하고 그 결과 보다 더 자기존중적이고 자아중심적인 존재로 변모하게 된다는 점에서는 소극적 시민에서 적극적 시민으로 전환하는 징검다리라고도 말할 수 있다. 무엇보다도 참여를 통해 공동체적 가치의 소중함을 깨닫게 된다는 점에서는 개인의 도덕적 잠재력을 개발하는 교육기능과 자기개발기능을 수행하는 셈이기도 하다.

이런 공동체적 가치의 확대같은 통합적 기능 외에도, 참여는 정치과정의 효율성 증대에도 기여한다. 경제적 이윤동기에 의해 추동되는 정치적 대리인이 아니라 국민이 자발적으로 나서서 직접 공적 과제를 해결하고자 하는 경우 전환비용을 줄이고 보다 많은 사람이 참여케 되면서 다양한 경험과 시각의 투입을 가능케 하고 그 결과 창의적 대안개발 가능성을 높인다. 보다 자원봉사적인 성격이 강화되면서 감정이입이 가능한 국정운영의 길을 여는 효과도 있다. 현장의 지근거리에서 채득한 문제의식이나 경험과 정보가 사회문제해결과정에 투입되면서 보다 더 직접적이고 적실성 있으며 즉응적인 대응을 가능케 하는 장점도 있다. 국민의 참여를 이상으로 여기는 민주주의의 철학적 원리에 부합한다는 점은 재론의 여지가 있을 수 없다.

그러나 그렇다고 해서 참여의 과잉이 일어나 기존의 정치체제가 미처 소화하기 어려운 경우에는 사회적 혼란과 갈등을 초래할 위험성도 있다. 참여의 증대는 대의민주주의 체제에 내포되어 있는 한계 극복을 빌미로 대의민주주의 체제 자체를 대체하고자 할 위험성을 동반한다. 참여나 참여증대에 대한 주문을 체제변혁 운동의 하나로 간주하려는 관점이 상존하는 이유다(김비환, 2007:2). 참여에 대한 요구가 설혹 체제 변혁을 겨냥하는 것이 아니라고 하더라도, 참여요구의 과잉이 포퓰리즘을 정당화하는 논거로 이용되어서는 안 될 것이다. 미국의 캘리포니아 주가 겪고 있는 코카콜라 민주주의의 실패는 이런 문제점을 실증하는 대표적인 사례로 거론된다. 따라서 극단적인 참여도 아니고 그렇다고 해서 소극적인 참여도 아닌 중간적인 성격의 참여를 필요로 하게 되는 데 바로 이점에서 중위민주주의 내지는 준직접민주주의(semi-direct democracy)에 대한 수요를 확인하게 된다. 대의민주주의를 전면적으로 대체하자는 것이 아니라 비교적 소규모의 면대면 대화와 토론의 장을 확장하여 합의의 도출 공간을 확대하자는 데에 강조점을 두려는 이유다.

4) 협력

아무리 국민이 주도하는 정치의 시대를 연다고 하더라도 그것이 곧 바로 참여만능주의를 뜻해서 안 되는 이유 가운데 하나는 참여가 국민 개개인의 협소한 이해관계나 단기적인 시관(時觀, time perspective)에 함몰되어서는 곤란하기 때문이다. 참여의 증대는 보다 다양한 이해관계의 투입을 가능케 하면서 대중정당을 단일쟁점형 로비체제로 전환하거나, 대의제 입법과정을 일종의 일상적인 전자국민투표체제로 전환(electronic plebiscites)하려는 경향성을 내포한다. 특히 정보사회의 도래이후 "정체성의 정치" 시대가 열리면서 분절적 특수이익집단의 등장이 심화되고 있다. 그 결과 사회공동체가 해체의 길로 나서고, 정부의 무력성이 심화되며, 참여민주주의가 포퓰리즘으로 지칭되는 감성적 대응의 총화로 인식되는 변화를 겪게 된다. 참여의 확장을 통해 의사소통이 개선된 다고 하더라도 정책과정의 구조적인 문제를 대체하거나 해결하게 되는 것은 아니라는 의미다.

바로 이 지점에서 준직접민주주의에 대한 수요가 발생한다. 단순히 국민이 원하는 것의 총화가 무엇인지를 파악하는 것만으로는 당면하는 사회정책과제를 해결하기가 어렵다. 국민 참여의 확대를 통해 정치적 합리성을 극대화 하는 것만으로는 여론추수주의의 한계를 벗어나기가 쉽지 않다. 사이몬(Simon, 1997)에 의하면 합리적 의사결정은 사실과 가치의 두 가지 전제에 대한 고려를 통해 이루어진다. 가치가 정치적 합리성의 극대화를 지향하는 것이라고 한다면 사실은 경험계의 현실적 제약에 대한 검토를 통해 경제적 합리성이나 과학적 합리성을 극대화 하는 가운데 규정된다. 전문가의 경험과 식견을 필요로 하는 이유다. 고전적 의미의 환원 민주주의가 지향하는 것처럼 단순히 국민의 자발적 참여를 통한 자율적 자치의 메커니즘만으로는 정부실패의 대안이 될 수 없다. 여론추수주의가 빠지기 쉬운 중우정치의 위험에서 벗어나려면 "현자의 정치"에 대한 배려도 있어야 한다는 뜻이다. 밑으로부터 의 민주주의(down up democracy)는 위로부터의 민주주의(up down democracy)와 결합할 때 현실적 합리성의 극대화를 이루게 된다. 단기적인 시관(short term perspective)과 중장기적인 시관(mid &

long term perspective)이 조화를 이뤄야 한다. 원심력의 정치와 구심력의 정치 사이에서 균형점을 찾아야 하는 이유다.

따라서 균형민주주의(balanced democracy)는 국민 참여 시대의 필수적 요건 가운데 하나다. 엘리트 민주주의와 대중민주주의의 교합이 필요하다는 의미다. 지적인 민주주의와 책임있는 실적주의의 융합(knowledge democracy and accountable meritocracy)을 겨냥해야 한다. 시민과 전문가, 정치적 대리인과 유권자 사이의 협력적 공조체제의 구축이 요구된다. 담론과 소통은 참여 국민 사이에서만 이루어지는 것이 아니라 정치적 대리인과 국민 사이에서 보다 더 활발히 이루어져야 하고 그 결과 협력적 공조체제를 구축할 수 있어야 한다.

이런 협력적 공조체제는 자유주의가 지향하는 시장의 원리 내지는 경쟁성 제일주의와 이윤추구지상주의에 대한 대응적 균형자에 대한 수요 속에서도 발견된다. 공동체주의적 가치와 조화를 이룰 수 있어야 한다는 의미다. 이는 자유주의가 지향하는 바 소수를 위한 민주주의가 불가피하고 그렇기 때문에 소수 사이의 차이를 노출하고 확장하는 일이 필요하지만 그런 소수의 지속가능성을 담보하기 위해서는 소수의 다수화가 필수불가결적인 과제라는 뜻이다. 소수의 다수화를 위해서는 소수 사이의 연대와 소수와 다수 간의 협력이 요청될 것은 물론이다. 이런 관점에서 보면 여러 정당의 난립은 불가피한 측면이 있다. 그러나 여러 정당 사이의 협력과 공조의 길을 찾는 일은 여러 정당의 난립만큼이나 중요하다. 소수당 간의 이견 조정을 지원하는 장치의 개발이 필요한 이유다.

종합하면 정보사회의 도래 이후 가능해진 집단지성을 통해 정치과정의 질적 타당성을 높이려면 보다 다양한 활동자의 참여와 참여자 간의 조정과 협력이 필수적 과제가 된다. 분권과 참여가 소기의 성과를 담보하기 위해서는 분권화된 참여자들 사이에서 협력적 공조의 관계가 구축되어야 할 것은 물론이다. 수직적 구조에서 수평적 구조로 정치체제를 변환하는 경우, 참여 활동자 간의 자발적 성찰과 협력은 필수적 과제다. 중위민주주의는 미시민주주의와 거시민주주의 사이의 협력과 공조를 전제로 구성된다.

3. 협력적 쇄신전략의 채택

1) 협력적 쇄신의 수요

거시민주주의와 미시민주주의의 융합을 통해 중위민주주의 내지는 준직접민주주의 시대를 열고자 한다면 이를 위해 새롭게 정치과정을 재디자인하는 일이 필수적 과제로 제기된다. 그러나 새로운 정치과정을 디자인 한다고 해서 그것이 그대로 목적했던 성과를 구현하게 될 것이라는 보장은 없다. 새로운 제도를 한국 사회가 어떻게 소화하고 운영하느냐에 따라 새로운 질서를 창출하게 될 것이기 때문이다. 한국 사회가 조응하는 에너지와 새로운 디자인 사이의 동학에 의해 정치쇄신의 최종 성과물은 구체화된다. 따라서 새로운 정치쇄신의 대안을 제시하는 것도 중요하지만 이를 운영하는 유권자들의 인식의 틀이나 동기요인을 점검하는 일도 필요하게 된다. 어떤 사회의 에너지란 결국 그 사회를 구성하는 사람들이 가지고 있는 인식의 틀이나 세계관에 의해 결정될 것이기 때문이다. 점검 결과 개선할 필요가 있다고 판단될 경우 이를 과감히 개선하는 일에 나서야 한다. 정치쇄신 작업이 상부구조뿐만 아니라 하부구조의 개선에도 주목해야 하는 이유다.

바로 이런 점에서 정치쇄신은 정치구조의 재디자인 과제뿐만 아니라 시민사회의 역량 강화 문제에도 주목해야 한다. 이런 관점에서 보면 정치쇄신 작업 자체가 거버넌스 양식에 따라 추진되어야 한다는 점이 분명해진다. 엘리트 중심주의에서 시민사회 중심주의로 이동하는 일 자체가 전문가와 일반 시민 사이의 협업을 통해 전개되어야 한다는 의미다. 더 나아가 일단 정치과정에 대한 새로운 디자인이 마련된다고 하더라도 이를 구현하는 과정에서도 시민사회와의 협업은 필수적 과제다. 시민사회의 문제는 시민사회 자신이 가장 잘 알 것이고 새로운 디자인에 대한 실행 에너지는 결국 시민사회로부터 나와야 할 것이기 때문이다. 따라서 전문가 집단의 토론을 통해 초기 대안이 마련된다고 하더라도 이를 시민사회와 소통하고 공유하면서 지속적으로 수정, 보완해 나가는 과정을 필요로 한다.

그런데 새로운 디자인이 구체화되기 위해서는 우선 이를 법제화해야 한다. 법제화는 국회의원이 여론을 수렴하고 여야 간의 합의를 통해 국회에서 통과시켜야 가능하게 된다. 그런데 정치쇄신은 그의 존재구속적 특성상 기득권을 타파하거나 최소한 기존의 권력관계를 변화시키려는 성질을 지녔다. 따라서 현역 국회의원 스스로가 정치쇄신안을 수용하기는 쉽지 않다. 더 더욱이 정치의 주도권을 국가 보다 구체적으로는 국회의원이라는 정치적 대리인으로부터 국민 스스로에게로 이동하고자 하는 경우, 이를 국회의원이 순순히 받아들일 것이라고 기대하기는 어렵다. 그렇기 때문에 국회의원이 개혁 대안을 받아들이고 이를 법제화 하도록 압력을 행사하기 위한 전략적 대안이 필요하게 된다. 이점에서 시민사회의 결속을 통한 정치적 압력의 행사는 필수적 과제다.

제헌국회 이래 지속적으로 정치개혁에 대한 논의가 있었음에도 불구하고 아직도 정치쇄신에 대한 주문이 계속되는 이유는 시대상황의 변화에 따라 새로운 개혁수요가 지속적으로 분출하는 데에도 이유가 있지만 가장 중요한 것은 기존의 정당이나 국회의원들이 쇄신안을 수용하려고 하지 않았기 때문이다. 최소한의 시늉만 하다가 결국은 법제화를 외면하기 일쑤였다. 따라서 보다 본질적인 권력관계의 재편을 겨냥하는 재디자인 작업일수록 기성의 정치권을 우회하는 쇄신전략의 고안이 필요하게 된다.

이점에서 미국 캘리포니아 주가 최근에 고안한 "캘리포니아를 위한 중장기 기획위원회(the Think Long Committee for California)"는 시사하는 바가 적지 않다. 미국의 캘리포니아 주는 의회가 사적 이해관계에 기초한 이익집단에 포획되어 단기적 시관에 함몰되는 현상을 극복하기 위한 적극적 대안의 하나로 주지사 산하에 40명의 분야별 명망가로 구성되는 캘리포니아 주를 위한 중장기 기획위원회를 구성했다. 여기에서는 중장기적인 관점에서 파당적 이해관계를 초월해서 중립적인 정책대안을 개발하도록 하고, 이를 주 유권자의 직접투표에 부쳐 확정하도록 했다(이병한, 2013).

대의제도의 모순 내지는 작동하지 않는 민주주의(dysfunctional democracy)의 문제를 실적주의에 기초한 의사결정방식을 통해 우회하고자 한 것이다. 이는 의회가 관장할 경우 정치쇄신작업 자체가 새로운 정치투쟁의 과제로 비등하면서 정치적 퇴영의 악순환을 거듭할 것이라는 점과 기득권 유지에 몰입해 있는 현역 국회의원들로서는 현장정치의 수요에 따르는 관성으로 인해 결코 혁신적인 조망력을 키워 내기 어려울 것이라는 점을 시사하는 조치였다.

2) 새누리당 정치쇄신특별위원회의 쇄신작업

이런 점을 고려하여 2013년에 활동한 새누리당 정치쇄신특별원회는 위원회 구성 단계에서부터 현역 국회의원의 참여를 철저히 배제했다. 이는 지금까지 있었던 정치권의 정치쇄신작업 가운데 처음 있는 일이다. 정당, 선거, 의회 및 법률관계 전문가와 시민운동가를 중심으로 위원회를 꾸렸다. 위원회는 철저히 독립성과 자율성의 원칙에 따라 운영되었다. 그 첫 번째로 비록 새누리당의 최고위원회의 의결에 따라 구성되었지만 새누리당의 파당적, 정파적 이해관계의 증진이 아니라 한국 정치의 보편적 이익 및 발전을 추구하는 관점에서 접근하기로 했다. 따라서 제안하는 쇄신대안이 새누리당에 한정적으로 적용되는 것이 아니라 한국 정치 일반에 보편적으로 적용되는 과제에 주목하고자 했다. 대안의 개발도 그런 관점에서 추진되었다. 새누리당으로부터는 어떤 제안도 위원회에 전달되지 않았다. 일부 지도층 인사 가운데 개인적인 차원의 의견 개진도 있었으나 위원회에는 보고되지 않았다. 다만 그 과정에서 새누리당을 사실적 준거 내지는 현상 진단의 현장으로 삼고자 했음은 틀림없다. 위원회 운영과정에서 내부 민주주의를 보장하고 특정 이론에의 편향을 배제하고자 한 것도 물론이다. 전문가 델파이 기법에 따라 6개월에 걸쳐 모두 19회의 회합을 가졌으며, 위원회의 결론은 전원일치의 전수결주의에 따르고자 했다. 이견이 조정될 때까지 토론을 계속했다는 의미다. 이 과정에서 합의보지 못한 과제는 제외되었다.

위원회는 또 개방성과 투명성의 원칙에 따라 관리되었다. 전문가 중심의 밀실고안이 아니라 시민사회와의 협력과 대화를 통해 최종대안을 모색하고자 했다. 이를 위해 모든 토론내용은 기록, 공개, 공유되었다. 회의의 진행 경과에 따라 간헐적으로 기자회견을 통해 의결내용을 시민사회와 공개, 공유하고자 했다. 시민사회 지도자와의 공개 세미나와 새누리당 홈페이지를 통한 여론 수렴도 시도되었다. 정치쇄신이 성공하기 위해서는 시민사회가 이를 시대정신으로 삼고 사회운동의 차원에서 접근한 결과 전문가 집단에 의한 대안 개발과 일종의 공진효과를 내야 한다고 보았다. 그러나 시민사회 지도자를 결집시켜 정치권에 대한 사회적 압력을 동원하는 데에는 실패했다.

위원회의 쇄신활동은 스스로 정한 자율적 한계와 지침의 범위 내에서 진행되었다. 2012년의 대통령선거와 국회의원 선거과정에서 공약한 내용은 이를 준수하고자 했다. 공약의 준수가 모든 정치쇄신의 출발점이라고 보았기 때문이다. 기존 헌법의 범위 내에서만 쇄신대안을 고안하고자 한 것도 자율적 지침 가운데 하나였다. 개헌문제를 다룰 경우 언제 개헌이 가능할지 모르는 상황 하에서는 쇄신대안에 대한 논의의 결과물이 탁상공론에 그치고 말 가능성이 크다고 보았다. 개헌을 전제하는 쇄신논의를 전개할 경우 개헌논의 자체가 정치쇄신 의제를 함몰시켜 관심의 초점이 개헌으로 이동하고 말 것이라는 점도 감안했다. 개헌과 관련한 정치권의 이전투구가 가열되면서 정치쇄신에 대한 합의의 도출 가능성은 크게 줄어들게 된다는 점도 고려했다. 그 결과 권력구조의 개편문제는 자연히 논의의 과정에서 배제되는 결과를 가져왔다.

대안의 개발은 단순히 쇄신의 개괄적 방향만을 제시하는 것이

아니라 보다 구체적인 법률 디자인 차원까지를 포괄하는 것이어야
한다고 보았다. "디테일이 말한다"는 꼭 여기에 합당한 금언이라
고 보았다. 쇄신대안이 법률 초안의 조문화 작업 직전 단계까지의
구체성을 띠는 것이어야 현실 적합성이나 수용 타당성 정도를 높
이게 된다고 보았다. 쇄신의 목적과 의지가 보다 정교하게 전달되
는 것도 물론이다.

IV.
정당체계의 쇄신방향과 과제

1. 정당설립 요건의 혁신적 완화

1) 현황

한국 사회의 가장 큰 갈등 유발 요인 가운데 하나는 신가족주의에 기초한 지역감정에 있다. 영호남 간의 정치적 지역주의와 거기에서 비롯되는 정치적 갈등과 대립의 뿌리는 매우 깊다. 여기에 더해 수도권과 비수도권 간의 갈등과 대립이 최근 더 심화되는 조짐을 보이고 있다. 경제적 양극화와 함께 사회경제적 또는 계급적 편차가 지리적으로 편향되어 나타나는 공간 계급화 현상이 심화되고 있기 때문이다. 이를 이해하고 정치적으로 대변할 통로가 마련되어 있지 않다는 인식이 비수도권의 정치적 좌절을 보다 더 확산시키는 계기가 되고 있다. 역설적이기는 하지만 수도권을 중심으로 무당파나 새로운 정치세력에 대한 요구가 분출하는 한 요인이기도 하다.

이는 비단 지역정서에서만 발생하는 현상은 아니다. 정보사회 이후 심화되기 시작한 소중화 현상과 함께 이해관계의 세분화와 분절화가 강화되면서 보다 다양해진 사회관계를 대변할 보다 더 다원화된 정치참여 통로에 대한 요구가 커진 결과이기도 하다. 그럼에도 불구하고 기성정당은 경직된 정당설립 요건의 유지를 통해 정치적 기득권 위에 안주하려고 하는 경향이 있다. 정당설립 요건을 정치적 참여기회의 독과점을 위한 일종의 진입장벽 통제수단으로 활용하고 있는 셈이다.

2) 논거

비수도권이나 영호남같은 지역사회의 정치적 이해관계가 중앙
정치과정에 의해 매몰되지 않도록 하기 위해서는 자기 지역의
이해관계를 종합하고 대변할 수 있는 독자적인 정당을 구성하는
일이 가능해져야 한다. 현재의 양당제도 사실은 극심한 지역주의
에 의존하고 있어 그 실체를 따져보면 일종의 지역정당이라고
해도 과언이 아니다. 사실상의 지역정당이 전국정당을 표방하는
데에서 오는 정치적 편차와 한계가 한국 정치의 무력화를 낳는
근인 가운데 하나인 셈이다. 지역당의 설립을 가능케 하는 일은
그런 의미에서 "지역당"을 실명화하는 작업이 될 수도 있다. 세종
특별자치시의 등장으로 수도의 의미가 사실상 분할되고 있어 수
도에 중앙당을 두어야 한다는 규정의 실질적인 의미도 퇴색하고
있다.

무엇보다도 중요한 것은 신생정당의 출현이 용이해지면서 정
당 간의 내부 민주화 경쟁을 촉발할 가능성이 커진다는 점이다.
보다 다양한 사회적 요구를 대변하는 정당이 생기면서 국민 대표
성 전달에 유리한 환경을 조성하게 된다는 점도 장점이다. 다만
지나치게 다당화하는 현상에 대응할 필요는 있다. 특히 현재와
같이 선거공영제와 정당보조금 제도를 유지하는 경우 정당의 난
립으로 인한 정치비용의 증대나 정치적 혼란의 유발 가능성을
우려하게 된다. 따라서 현재와 같이 비례대표 국회의원 의석배분

정당을 비례대표 국회의원선거에서 유효득표총수의 100분의 3 이상을 득표하거나 지역구 국회의원 선거에서 5석 이상을 차지한 정당으로 한정(공직선거법 189조)하는 "봉쇄조항"은 이를 계속해서 유지하도록 해야 한다.

3) 개선안

(1) 현재 정당의 설립을 위해서는 5개 이상의 광역시도당을 보유해야 하며, 각 시도당은 1천명 이상의 당원을 보유해야 하도록 되어(정당법 제17조, 제18조) 있으나 이를 폐지토록 한다(법률개정 필요과제-정당법).

* 정당법 제17조(법정시·도당수)에 의하면, 정당은 5 이상의 시·도당을 가져야 한다. 제18조(시·도당의 법정당원수)에 따르면 ① 시·도당은 1천인 이상의 당원을 가져야 한다. ② 제1항의 규정에 의한 법정 당원수에 해당하는 수의 당원은 당해 시·도당의 관할구역 안에 주소를 두어야 한다.

(2) 또한, 정당법상 중앙당을 수도에 두도록 하고 있는 조항(정당법 제3조)을 폐지하여 정당 설립의 자유를 확대한다(법률개정 필요과제-정당법).

* 정당법 제3조(구성)에 따르면, 정당은 수도에 소재하는 중앙당과 특별시·광역시·도에 각각 소재하는 시·도당(이하 "시·도당"이라 한다)으로 구성한다.

4) 기대 효과

명시적으로 지역정서를 대변하는 정당의 등장으로 인해 선거과정과 지역주민의 정치적 선호 사이에서 그 동안 발생해온 정치적 편차와 간극을 시정하면서 보다 정치과정에 대한 지역 유권자의 적극적인 참여를 촉진할 수 있게 될 것이다. 지역사회에 지역정서를 반영하는 복수의 정당이 등장할 수 있게 되면서 지역정치가 특정 정당에 의해 배타적으로 지배되거나 패권적 볼모가 되는 현상을 시정할 수도 있게 된다. 지역정치의 활성화와 함께 지역 유권자의 정당에 대한 일체감이 증진되면서 지역에서의 정치적 안정성을 높이게 된다. 분권의 관점에서 보면 지방정치의 중앙 예속화를 시정하는 계기가 되기도 할 것이다. 지역당의 등장은 무엇보다도 먼저 소수당에 의해 카르텔을 이루고 있는 기성 정치권의 배타적 독과점체제를 무너뜨리고 권력의 중추를 분산시켜 보다 더 국가로부터 지역정치공동체로 정치권력의 소재가 이동하도록 하는 데에 기여하게 된다.

양대 정당에 의해 중앙정치가 독과점되면서 갈등과 대치의 정치가 일상화하는 현상에 변화를 주어 다당제의 등장과 함께 대화와 타협의 정치로 전환하는 전기를 불러올 수도 있게 될 것이다.

2. 국회중심 정치체제로의 전환

1) 현황

정보사회의 도래 이후 사회구조의 복잡성과 유동성이 커지면서 정당이 고정적인 당원과 지지기반을 갖는다는 것이 점차 어려워지고 있고 또 불리해지고 있다. 특히 어떤 이념적 프레임을 통해 일사분란하게 사회관계를 재단하고 규정하는 경우 급변하는 사회관계와 거기에서 비롯되는 가변적인 요구에 신속하고 정교하게 조응하는 일이 어렵게 된다. 정당이 거대 관료조직화 하면서부터는 그것 자체가 불통, 기득권의 보루, 과다 전환비용의 유발요인으로 평가되기에 이르렀다. 대표적인 정치적 소통의 통로가 되어야 할 정당이 소통의 장애요인으로 작동하고 있는 것이다.

보다 더 큰 문제는 지금과 같이 정당이 계서적 일원주의에 기초해서 조직되고 운영되는 한 언제든지 특정인이나 집단에 의해 포획되거나 그 결과 사적 지배하에 들어가게 될 위험성이 상존한다는 점이다. 이는 결과적으로 정당에 대한 지배권을 매개로 한국의 정치과정 전체를 사익의 획득 장치로 전환할 개연성이 매우 높다는 의미이기도 하다. 여야의 정당 지도부가 원외와 원내로 이원화하면서 국회 내에서의 여야 간 이견 조정이 어렵고 정당 간 갈등과 대립을 증폭시키는 여러 요인 가운데 하나가 되어 있다는 점도 문제다.

2) 논거

이를 극복하기 위해서는 국정운영의 중추를 정당중심에서 국회 중심으로 이동할 필요가 있다. 정당과 의회는 어느 곳에서나 그의 본질적 특성상 일종의 시소(see & saw)관계를 형성한다. 정당의 구심력이 커질 경우 의회의 구심력은 약화되면서 원심력이 강화되는 일종의 상대적 권력관계를 구축한다. 강한 정당규율에 의해 통제되는 한국의 정당정치가 정당중심의 구심력으로 인해 국회를 주변부화하는 현상이 이미 일상화되어 있음은 주지하는 바와 같다. 이러한 현상은 특히 정당내부구조의 관료화를 통해 강화되고 있다.

그러나 급변하는 사회관계에 보다 신속하고 정교하게 조응하는 정당이 되려면 정당조직의 전체적 통일성, 획일성, 일관성같은 관료적 질서보다는 정책사안별로 유권자에게 호소하고 상대 정당과 협의할 수 있는 실용적 유연성과 신축성을 갖추어야 한다. 이는 '조직으로서의 정당'보다는 '네트워크로서의 정당'에서 훨씬 더 구현하기가 용이한 과제다. 분절적이고 다품종소량생산체제를 지향하는 후기근대에서는 일원적인 성격의 거대담론, 자본과 노동 같은 계급차원의 이해관계보다는 생활 속의 이슈와 쟁점 및 사안별 이해관계에 주목하는 유권자들을 정당의 주요기반으로 삼아야 정당에 대한 유권자의 지지와 참여를 보다 더 용이하게 유도할 수 있다.

보다 근본적으로는 정당의 정책결정과정에서 발생하는 전환비용을 줄이고 대 유권자 대응성을 높이려면 국회의원과 유권자를 보다 더 직접적으로 연계하는 것이 중요하다. 진성당원을 찾아보기 힘든 현실이 시사하는 바는 일원주의적인 프레임에 갇혀 있는 정당을 통해서가 아니라 평균적인 일반대중을 정책으로 만족시키고자 하는 개별 국회의원과 그를 통해 자신의 이해관계를 관철하고자 하는 실용적, 합리적 유권자 간의 관계 구축이 보다 더 정치적으로 유용하다는 의미다. 따라서 정당정치의 중심축을 국회 내지는 국회의원 쪽으로 보다 더 이동하고, 정책 결정 주체로서의 국회의원의 역할을 강조하며, 국회의원의 개인적 자율성을 보다 더 존중하는 쪽으로 국회와 정당의 관계를 조정할 필요성이 제기된다.

3) 개선안(당헌당규 개정과제)

(1) 국회의원과 원내조직의 자율성과 비중 강화: 정당의 전반적인 시스템을 원내중심의 정당조직과 네트워크적인 성격으로 전환해서 국회의원의 자율성과 의원총회의 비중을 강화하도록 한다. 국회의원과 의원총회의 정책능력, 소통능력 및 당내 역할비중을 강화하기 위해 가급적 원내의 지도력과 정당의 지도력을 일체화시킬 필요가 있다.

(2) 국회의원과 원내조직의 정책능력과 소통능력 제고: 국회의원이나 원내조직과 정당의 기초조직이 서로 민감하게 유기적으로 반응하도록 하기 위해서는 유권자의 실생활과 관련된 국회의원들의 정책전문성, 반응성, 소통능력을 높여야 한다. 이를 위해서는 국회의원이 정책 활동에 전념할 수 있도록 해야 하며, 그렇기 때문에 일반 국회의원의 경우 가급적 중앙당 당직을 겸직하지 않도록 하는 '공직-당직 분리제'를 채택하고, 국회에 대한 입법지원체제

를 강화할 필요가 있다. 국회의원의 정책능력을 강화해야 하기 때문이다.

(3) 원외 기구의 선거정당화: 반면에 원외당직자는 시민사회지도자, 분야별 전문가, 지역활동가 등과의 네트워크 확장, 선거준비, 후원회 확대 등에 전념토록 하는 기능상의 분업화와 이원화가 필요하다. 이점에서 원외기구에 대한 기존의 인식 틀을 바꿀 필요가 있다.

(4) 원외 조직의 분권화와 네트워크화: 계서적이고 중앙집권적인 정당조직을 분권화하여 자율성이 강한 '지역간 네트워크 체제'로 전환시켜야 한다. 이를 위해 새누리당의 경우에는 대의원과 중앙위원(전국의원)의 수(數)를 생산적인 심의와 네트워크가 가능한 수준으로 대폭 축소 조정할 필요가 있다.

(5) 상향식 후보선출방식의 정착과 정책결정의 개방화: 원내정당 내지는 국회의원과 유권자 간의 연결고리를 강화하기 위해서는 대선과 총선 등 주요 공직후보자를 선출하는 과정에서 당원만이 아니라 정당과 후보자를 지지하는 일반 유권자들도 함께 참가할 수 있도록 하는 '개방형 국민참여경선제(open primary)'를 도입, 정착시킬 필요가 있다.

4) 기대 효과

국회의원의 자율성 제고, 의정활동의 효율성 증가, 정당의 입법기능 강화를 가져올 것이다. 중앙집권적인 정당 조직을 관리하는데서 비롯되는 정치적 전환비용을 축소하고 고비용 저효율 정치를 극복하는 전기를 마련할 수 있게 된다. 국회의원의 자율성이 커지면서 정당내부의 경직적 질서가 무너지고 권력적으로는 보다 분권적인 구조를 취하게 된다. 국회의원과 유권자간의 거리가 좁혀지면서 양자 간의 관계는 보다 더 협력적 양식을 취하게 된다. 반면에 원외 정당기구는 국회의 현안에서 벗어나 새로운 인물 발굴, 선거준비, 유권자와의 네트워크 강화 등 정당의 경쟁력 확대에 기여하면서 원내정당화에 따른 소외감을 경감시킬 수 있다. 이에 따라 정당의 선거운동기능이 강화되면서 대선후보가 본선에서 캠프 정치에 매달리는 것과 같이 사조직에 의존하지 않고서도 정당의 공조직을 통해 선거운동에 나설 수 있다는 확신을 심어 줄 수 있게 된다(이 경우, 새누리당의 경우에는 대선후보가 1년 6개월 이전부터 당직을 보유하지 않도록 한 조항은 필요 없게 된다). 정당정치의 사유화를 벗어나는 계기가 되기도 하는 것이다.

3. 협치 정당체제의 모색(정당 지도체제의 쇄신)

1) 현황

정당의 성격이 집권을 위한 사적 결사체로부터 헌법상 공적 기구로 전환하는 과정에서, 특히 한국 사회의 경우에는 정당제도의 도입단계에서부터 동원정당의 성격이 강화되면서 정당의 관료화 현상이 심화되고 있다. 이로 인해 정당이 국민과 유리되어 있다는 평가가 적지 않다. 이렇게 되는 데에는 실로 다양한 원인이 작용한 것이겠으나 그 가운데 하나로 흔히 보통사람들이 적극적으로 정당 활동에 참여할 수 있는 통로가 차단되었다는 점이 지적된다.

2) 논거

정당이 정치적 소통의 장치로 작용하려면 정당의 운영과정에 대한 일반 시민의 참여가 적극화되어야 할 것은 당연한 일이다. 그러나 지금처럼 진성당원이 되기를 저어하는 사회적 분위기 속에서 보통사람들의 정당에 대한 참여를 독려하려면 정당원이 아니면서도 전문성이나 시민사회의 지도력을 기반으로 정당의 운영과정에 참여하고 활동할 수 있는 기회공간을 열어주는 일이 시급한 과제로 제기된다. 특히 정당의 기능적 좌표를 국회 쪽으로 이동하여 원내정당화를 지향하는 경우, 국회 밖 정당 운영과정의 개방성 신장에 대한 기관수요가 커지지 않을 수 없다. 이 경우 정당은 국회가 유권자와 직거래하는 현상과 경쟁하지 않을 수 없게 되기 때문이다.

후기 근대 이후 사회관계의 역동성과 유동성이 커지면서 비선형 체계론의 시대에 들어서게 되었다는 점에서 보면 정당이 스스로의 경계를 헐고 정치과정의 참여자들과 보다 자유롭게 연대하고 협력하는 개방적 공조체제를 구축해야 한다는 것은 일종의 당위에 속한다. 정당 스스로가 거버넌스 체제(협치)를 구축하는 자기 변신에 나서야 한다는 주문이다. 이는 정당의 본래적인 속성에 속하는 일이기도 하다.

정당의 협치 체제를 구현하기 위한 전략적 대안 가운데 하나로는 정당의 지도체제 자체를 개방형으로 구축하여 진성당원이 아니더라도 정당의 의사결정 중추에 진입할 수 있도록 하고 이를 통해 일반 시민의 정당의 의사결정과정에 대한 참여공간을 대폭 개방하는 방안을 구상해 볼 수 있다. 이럴 경우 협치 체제 구축의 실질적, 상징적 효과를 동반할 것으로 기대된다.

3) 개선안

(1) 정당의 체질 자체를 "협치 정당"으로 전환할 것을 선언하면서, 정당의 체질을 개방형 정당으로 전환, 선도해 나갈 것을 당 내외에 천명한다(즉시시행 가능과제).

(2) 정당 운영과정에 대한 정당 외부 인사의 참여를 적극화하기 위해, 당 최고위원회 위원정수의 2분의 1을 당 외부인사로 청빙, 선출하도록 하고(당헌당규 개정과제),

(3) 당 윤리위원회 위원장과 인재영입위원장은 이를 외부인사로 임명하며, 이들은 모두 공천심사위원회의 당연직 위원이 되도록 한다(당헌당규 개정과제).

(4) 정책위원회가 이슈별 정책 포럼, 집단별 정책 포럼, 지역별 정책 포럼의 구성과 운영을 지원, 조장, 지휘하면서 당원 이외의 다양한 분야별 전문가, 오피니언 리더, 시민사회단체지도자, 지역 사회활동가 등이 예비당원, 정치적 지지자, 일반 시민으로 당의 정책개발 및 조직운영 과정에 체계적, 적극적으로 참여할 수 있도록 독려하고 문호를 개방하도록 한다(즉시시행 가능과제).

4) 기대 효과

당원이 아니더라도 정당의 운영에 참여하고 활동할 수 있게 됨으로서 정당 운영의 경직성, 편협성, 대중으로부터의 소외 등을 시정하는 결과를 낳게 된다. 정당의 경계를 허물면서 정당의 외연을 넓히고 네트워크 체제를 구축하는 기반 및 전기로 작용하게 된다. 그 결과 보다 개방적인 체제를 갖춤으로서 정당정치에 대한 오해나 소외를 시정하게 되며 정치과정에 대한 시민참여의 동기를 부여하고 정당과 유권자가 협력적 공조체제를 갖추는 데 기여하게 된다. "협치"라는 시대정신을 선도적으로 수용하는 정당으로서의 이미지를 높이고, 그에 따라 정당의 정당성 기반을 넓힐 수도 있게 된다.

4. 정책 네트워크의 구축

1) 현황

정당의 정체성과 기능적 좌표를 현재의 이념 지향성을 강조하는 대중정당 내지는 동원정당의 성격이 강한 데에서부터 원내정당 쪽으로 보다 더 이동시키는 경우, 유권자와 국회의원을 직접 연결해야 하는 수요가 커지게 될 것은 당연한 이치다. 이는 정당의 경계를 보다 더 개방하고 네트워크로 연결할 필요성이 커진다는 의미이기도 하다. 협치 정당 내지는 네트워크 정당으로의 전환 수요가 발생하는 셈이다. 현재는 정당 외부와의 연계를 위해 중앙당 중심으로 사회각계의 정책현안 수렴과 연계를 담당하는 중앙위원회를 두고 있지만 단체 대표 중심의 형식적, 기계적 연계에 지나지 않는 형편이다. 정당 내부적으로도 직능국을 중심으로 하는 기구 차원의 연대와 정책국을 중심으로 하는 정책개발이 체계적으로 상호 연계되어 있지 않아서 개발된 정책의 소구력이 약하고 직능별 이익단체에 대한 정당의 침투력도 겉도는 형편에 있다.

2) 논거

협치 정당 내지는 네트워크 정당으로의 전환을 모색하는 경우 진성당원이 아닌 지지자 내지는 일반 유권자와의 수평적 연결에 대한 수요가 커지면서 이들 모두를 관통하는 가치관의 공유 내지는 정책방향에의 합의가 매우 중요한 변수로 등장하게 된다. 네트워크 정당은 결국 일원적이고 수직적인 구조나 조직의 얼개가 아니라 다양한 분권적 의사결정 중추들이 역동적으로 상호작용한다는 것을 의미한다. 다양한 자율적 정책포럼이 상호작용하는 관계망을 구축해야 하는 이유다. 기구적인 연대와 정책의 개발이 일원화되어야 진정한 의미의 상향식 정책개발이 가능하게 될 것도 물론이다. 단순히 제도적인 차원의 연결이 아니라 담론과 소통을 통한 정보의 교환과 학습이 일어나고 그 결과 이해관계 충돌의 폭을 줄일 수 있게 되어야 한다. 담론과 학습은 부분의 집합이 전체로 전환하는 과정의 핵심적 과제에 속한다. 정당은 한 사회의 총의를 결집하고 대변하는 과정에서 필수적인 요소에 해당된다.

3) 개선안

(1) 연례정책총회의 개최: 중앙위원회 기능을 당의 과제별 정책을 조정하고 확정하는 기구로 전환하고, 이에 따라 매년 정책총회를 개최하여 이슈별 정책포럼, 집단별 정책포럼, 지역별 정책포럼들이 축적한 정책과제와 정책정향들을 취합 정리하여 당의 정책정향을 수립, 확정하는 장소로 운영한다(당규개정 필요과제-중앙위원회 규정, 정책위원회 규정).

(2) 이슈별 정책포럼의 구성 및 운영: 동반성장, 경제 민주화,

사회통합, 원전 줄이기 등과 같이 생활 주변의 다양한 현안 과제를 중심으로 당원, 전문가, 지지자, NGO 지도자 등이 상시 모여 현안진단, 정책대안개발, 정책평가, 피드백 등 정책관련 담론과 소통이 이루어지는 자율적 온오프라인 포럼을 조직, 운영하도록 조장, 지원한다(즉시시행 가능과제).

(3) 집단별 정책포럼의 구성 및 운영: 여성, 다문화 가정, 청년, 학생, 비정규직 노동자 등과 같은 다양한 사회계층 및 집단을 중심으로 당원, 전문가, 지지자, NGO 지도자 등이 상시 모여 관련 현안진단, 정책대안개발, 정책평가, 피드백 등 정책관련 담론과 소통이 이루어지는 자율적 온오프라인 포럼을 조직, 운영하도록 조장, 지원한다(즉시시행 가능과제).

(4) 지역별 정책포럼의 구성 및 운영: 지역 내의 다양한 집단 고충이나 사회쟁점을 적극적으로 진단하고 개발하여 이를 정책화하거나 입법활동의 기초자료로 활용케 하기 위해 지역의 당원, 전문가, 지지자, NGO 활동가, 관련 공무원 등으로 온오프라인 포럼을 조직, 운영하도록 조장, 지원한다(즉시시행 가능과제).

(5) 정책위원회가 이들 이슈별, 집단별, 지역별 포럼을 연계하고 활동을 지원, 조정, 통합하는 소통과 합의의 중추 역할을 수행하도록 하고, 이를 위해 정책위원회 사무처로 직능국을 이전하여 정책국, 직능국, 민원국이 유기적으로 협력, 융합하는 가운데 시너지 효과를 낼 수 있도록 개편한다(당헌당규 개정과제-사무처규정).

4) 기대 효과

정당의 중심축이 동원기능 중심의 수직적 계서구조로부터 정책 중심의 수평적 네트워크체제로 전환함으로서 진성당원 중심의 정당 경계를 넘는 네트워크 정당체제를 구축할 수 있게 된다. 이 과정에서 현장성 있는 정책개발로 인한 정책의 적실성 제고, 집단 지성을 통한 정책의 전문성 신장 등을 통해 정당의 정책경쟁력을 높이게 된다. 수평적 네트워크를 통한 정당의 외연이 넓어지고 상시운영체계의 작동을 통해 정당운영의 항상성이 신장되면서 실질적으로는 상시 선거체제화의 효과를 기대해 볼 수도 있게 된다. 가장 중요한 것은 정책과정에 담론과 소통의 기회가 체계적으로 제공된다는 데에 있다. 법제적 권한이 아니라 실질적인 설득력과 정보공유능력이 정당정치의 지도력을 형성하는 기초로 작동하는 계기를 만들게도 된다. 정당에 대한 유권자의 참여와 관련 정보의 공개를 촉진하는 전기로 작용하게 된다.

5. 정당 내부구조의 분권과 분산

1) 현황

현재는 당의 운영권이 중앙당 중심으로 집중되면서 중앙당의 장악이 곧 당권의 사유화로 연결될 소지를 내포하고 있다. 정당내부의 권력이 지나치게 집중화되어 있는 것이다. 같은 맥락에서 정당 내부의 동맥경화 현상이 심화되면서 지역현안에 대한 이해나 소통능력이 하락하고 있다는 점도 문제다. 가장 유연하게 반응해야 할 정치조직인 정당이 경직적인 구조를 구축하고 있다는 점도 문제이지만 정보사회의 도래 이후 전자우편, SNS같은 여러 유형의 자기주도형 정보소통장치들이 확산되면서 정치정보 소통장치로서의 정당에 대한 기댓값이 급속히 감소하고 있다는 점을 감안하면 지금과 같은 일원적 정보전달 체제로는 이런 사회 환경변화에 효율적으로 대응해 나갈 수 없다. 정당내부구조의 동맥경화 현상과 권력의 집중을 해소하는 일이 정당정치 정상화의 핵심적 과제 가운데 하나로 부상해 있는 셈이다.

2) 논거

정당의 사당화를 막고 당내 민주주의를 강화하기 위해서는 현재의 중앙집권적인 조직구조를 보다 더 분권적인 양식으로 재편해야 할 것은 물론이다. 당권의 핵심이 각급 공직 특히 국회의원에 대한 공천권에서 비롯되고 있다는 현실을 감안하면 공천권의 분산이 문제해결의 관건임을 알 수 있다. 또한 정당의 실질적인 운영권이 보다 더 분산되도록 하기 위해서는 지금보다는 훨씬 더 체계적으로 지역의 현안과제를 발굴하고 지역주민의 정치과정에 대한 참여를 독려하여 생활 속의 정치가 활성화하도록 지원, 조장해야 한다. 국가중심의 패러다임에서 생활세계중심의 패러다임으로 전환하는 과정은 바로 이렇듯 정당내부의 권력중추를 분산하고 보다 더 지역사회 근린으로 이동하는 과정에서 구체화된다. 선거운동의 자유가 획기적으로 확장되는 경우 지역사회에는 다양한 정치활동 주체들이 등장하게 된다. 이들을 체계적으로 당의 운영과 연계, 관리할 필요성이 커지게 된다는 점도 감안해야 할 과제다.

3) 개선안

(1) 공천제도 개혁을 논의하는 과정에서 보다 더 상세히 살펴보 겠지만 중앙당 중심의 공천권 행사를 분산하여 광역시도당으로 하여금 권역별 비례대표 국회의원 후보 명단작성을 위한 권역별 비례대표명부작성위원회와 광역지방의회의원에 대한 권역별 공천위원회를 구성, 운영하게 한다(당헌당규 개정과제).

(2) 시도당의 지역 현안 발굴과 민원 중개역할을 강화하도록 하고, 이를 지원하기 위해 각 시도당에 정책민원팀을 두도록 한다(당헌당규 개정과제).

(3) 시도당의 정책민원팀은 지역별 정책포럼의 조직을 권장, 지

원하고 지역에서 접수되는 개인 및 집단 민원을 중개하도록 한다. 이때 지역별 정책포럼의 운영 결과 가운데 정책과제는 중앙당의 정책위원회 산하 정책국 그리고 민원은 민원국이나 국회의 국가 옴부즈만과 연계 협력하여 처리하도록 한다(당헌당규 개정과제).

(4) 시도당의 안정성 강화를 위해 위원장의 임기를 2년으로 연장 한다(당헌당규 개정과제).

(5) 지역 당원협의회를 현재대로 유지하는 경우, 협의회 운영위 원장은 당해 관내에 주소지를 둔 당원들의 직접선거로 선출하고, 임기를 2년으로 한다(당헌당규 개정과제-지방조직운영규정).

4) 기대효과

지방의회 의원, 단체장, 각급 선거의 예비후보 등록자, 지역 NGO 활동가 등이 지역별 정책포럼을 운영하면서 지역에서의 생활정치를 주도하고 정당과의 연계활동을 강화하게 된다. 당권의 중심축이 지금보다는 훨씬 더 하향 조정되면서 당내 민주화나 정책의 적실성, 지역사회의 요구에 대한 대응성 정도를 높이게 된다. 정치활동의 중추가 중앙보다는 지방, 국가 보다는 생활세계로 이동하는 효과를 기대할 수 있게 된다.

6. 정당부설 정책연구소의 독립[13]

1) 현황

정당부설 정책연구소가 재정 부족, 인력 부족, 리더십 부족 등으로 인해 정책 개발, 네트워킹, 홍보, 시민교육 등 정당부설 연구소가 당연히 담당해야 할 것으로 기대되는 역할을 제대로 수행하지 못한다는 지적이 적지 않았다. 정당연구소의 운영 자율성이 취약하고 당대표의 리더십에 따라 좌우되는 경향이 있어 단기적인 현안 중심으로 활동하게 되면서 독자적인 정책 개발이나 선거 캠페인 역량 등을 제대로 축적하지 못했다. 무엇보다도 심각한 것은 그 동안 국고 지원기관으로서 소속 인력의 목적 외 사용 등 편법 운영이나 회계의 불투명성 등 기관운영상의 문제가 방치되어 왔다는 점이다.

한국 사회의 정책개발 능력이 사회구조의 발전 정도에 비해 상대적으로 저급한 수준에 머물러 있고, 이점이 정치권이 다양한 이해관계를 조정하거나 타협을 유도하는 데 필요한 대안을 제대로 개발하고 제시하지 못하는 중요한 이유 가운데 하나로 간주되어 왔다. 이점에서 보면 정당정치의 퇴행은 정당의 정책개발능력이 저급한 데에서 비롯된다고 하여도 과언이 아니다. 이렇듯 정당의

---

13) 2013년 새누리당은 부설 정책연구소를 여의도 정책연구원으로 개편했으나 운영독립성 확보, 정책능력 제고, 자립재정 확보 등 소기의 기댓값을 구현하기에는 아직 부족한 점이 적지 않다.

공식적인 정책개발 능력이 저급하다는 사실과 정책연구소의 정파적 중립성에 대한 의심이 겹쳐지면서 대선 때마다 대통령후보자가 자기가 소속되어 있는 정당이 아니라 개인 중심의 "캠프"를 조직하여 운영하는 일이 반복되고 있다. 이는 다시 정당이 약속하는 정책의 책임소재 불명확성, 정치과정의 사당화, 파당적 권력투쟁, 캠프 출신에 대한 최혜적 대우 등 정치적 퇴행의 주요요인 가운데 하나가 되어 왔다.

   2) 논거

   포퓰리즘과 책임있는 정당정치 사이의 차이는 얼마나 권력중립적이고 중장기적인 시간계획 하에 정책개발에 나서며 그 결과 정책대안의 과학성, 적실성, 경제성을 확보할 수 있느냐에 달렸다고 해도 과언이 아니다. 균형민주주의의 한 축은 당연히 질 높은 정책개발능력의 확보에 기초한다. 그렇지 않을 경우 국민의 여망에 부응하는 정치란 결국 여론추수주의를 말하는 것에 지나지 않게 된다. 정책개발을 단기적, 당략적 차원에서 주문할 경우 현재의 당권 장악자가 추구하는 이해관계에 따라 정책의 방향이 좌우될 수밖에 없다는 문제도 내포한다.
   특히 정보사회의 도래 이후 사회구조의 파편성 심화가 진행되면서 사회구성원들 사이에서 공통의 이해관계를 포착하는 일이 점차 쉽지 않게 되고 이에 따라 소수인의 언권이 강화되면서 거부권의 정치가 확산되고 있다는 사실은 정책대안개발능력의 제고가 얼마나 중요한 과제인지를 여실히 보여주고 있다. 사회갈등의 심화는 그런 갈등관계를 초월하는 정책대안의 개발능력에 대한 수요가 급진적으로 확대되고 있음을 시사하는 것에 다름 아니다.

그런데 이렇게 정당부설 정책연구소가 객관성에 기초한 중장기 정책을 개발할 수 있게 되기 위해서는 무엇보다도 먼저 연구소의 인적, 조직구조적, 재정적 독립성이 확보되어야 한다. 따라서 아무리 과거에 비해 기관독립성을 강화했다고 하더라도 소속 정당과의 관계를 지금과 같이 정당부설 기구로 두는 한 운영상의 독립성을 보장할 수 없고 이는 다시 정책산출물의 중립성을 확보하기가 어렵게 된다. 따라서 소속 정당과의 관계를 단절하여 독립성을 보장하는 대신, 연구소의 설립 목적을 정당의 이념적인 가치나 지향점을 구현하는 데에 두도록 함으로서 가치관의 공유를 통한 연대가 가능하도록 개편해야 한다.

3) 개선안(당헌당규 개정과제-정책연구소 설립 및 운영에 관한 규정), (법률 개정 필요과제-정치자금법)

(1) 인사권의 독립 보장: 정책연구소가 독립적으로 정책과제를 선정하고 정책방향을 확정하기 위해서는 인사상의 독립이 필수적 과제다. 이를 위해 연구소를 재단법인으로 독립시키고 재단 이사진에 의한 독자적인 운영을 보장한다.

(2) 재정권의 독립 보장: 정책연구소가 당의 리더십에 관계없이 자율적으로 운영되기 위해서는 재정상의 독립이 필수적 과제이며, 이를 위해 현재 정당을 통해 지원되는 정당보조금 가운데 정당연구소 지원금을 정책연구소에 직접 지급케 하고, 정당연구소에 대한

소액기부 후원이 가능하도록 관련 정당법을 개정하도록 한다.

(3) 제한된 재정과 인력을 가진 정당연구소가 제 기능을 발휘하기 위해서는 선택과 집중이 필요한 바, 입법 관련 정책개발 기능은 이를 원내 정책위원장실로 이관하고(입법관련 정책지원은 국회 내부의 입법지원기구 활용), 정당부설 연구소는 중장기 공약 개발, 새로운 선거운동방식 개발, 지지 기반 확충 등 선거경쟁력을 강화하는 사업에 집중하는 방향으로 조직과 업무를 분담하도록 한다. 이는 정당의 기능을 대중정당에서 선거중심정당으로 전환하자는 생각과도 연동되어 있다.

4) 기대효과

정당부설 연구소의 자율성이 강화되는 경우 정치현안에 매몰되는 데에서 오는 정략적 판단을 벗어나 보다 중립적이고 중장기적이며 과학적인 정책개발이 가능해지면서 정당이 제안하는 정책의 대내외 경쟁력을 높일 수 있게 된다. 이는 결과적으로 정당의 정책능력 및 선거 캠페인 능력을 높이게 되며 나아가 한국 정치 전체의 질적 수준을 제고하는 데 기여하게 된다. 보다 합리적이고 과학적인 정책대안의 개발은 정당정치가 자칫 포퓰리즘에 포획되는 것을 막고 이성과 감성, 합리성과 정치적 선호 사이의 협력적 공조체제 구축을 가능케 한다.

7. 유권자 까페[14]의 설치 및 운영

1) 현황

2004년 법적 지구당제도를 폐지한 후 국회의원이 없는 지역구는 정당 활동이 저조하고 국회의원이 있는 지역구는 사당화가 심화되고 있다. 정당의 최일선 조직인 지구당이 없어지면서 상대적으로 국회의원 당선이 어려운 지역(새누리당은 호남, 새정치민주연합은 영남)에서의 정당 활동이 위축되고 있으며, 이로 인해 정당의 지역 편향성이 한층 더 심화되고 있다. 정당과 시민사회 내지는 유권자를 연결하는 제도적 장치가 유실상태에 있어 사실상 정당정치가 기득권자만의 정치로 고착화되고 있다. 당원협의회가 운영되고 있으나 당의 공식기구가 아니면서 사실상 지구당과 같은 기능을 수행하고 있어 일선현장에서는 많은 모순과 위법활동이 빈발하고 있다. 과거 민주당의 정치혁신위원회는 이런 점을 감안하여 당원의 임의기구로 되어 있는 지역위원회를 공식적인 정당조직으로 변경할 것을 제안한 바 있다.

---

14) 과거의 민주당 일각에서 논의해 온 생활정치센터는 그의 정체성이 기존의 지구당과 크게 다를 것이 없다. 그러나 여기에서 제안하는 유권자 까페는 이와는 달리 정당과 지역정치공동체의 협치기구라는 데에서 본질적인 성격을 달리한다.

2) 논거

지구당을 폐지할 당시에는 정치개혁에 관한 논의의 전개과정에서 정치과정의 고비용 저효율을 배척하고자 하는 기술관리주의 내지는 경제성 제일주의가 민주적 가치 내지는 정치적 합리성을 압도한 것이 사실이다. 그러나 이는 정당정치의 본질을 숙고했다고 말하기 어려운 결정이었다. 예를 들어 아이가 어리고 병약해서 자주 감기에 걸린다면 아이를 기르지 않거나 낳지 않으려고 할 것이 아니라 감기에 걸리지 않도록 예방하거나 보다 건강하게 자라도록 돌보아 하는 것이 합당한 일이다. 정당과 지역 유권자 사이의 접촉점 없이 정당정치, 대의민주주의를 구현하겠다는 것은 지나친 낙관주의 내지는 엘리트 중심주의의 틀을 벗어나지 못한 데에서 오는 결과다.

무엇보다도 중요한 것은 정치의 주도권을 국민에게 돌려주고 그 결과 국민이 정치과정에 적극적으로 참여할 수 있게 환경조건을 조성하고자 한다면, 정당과 유권자의 접촉점을 공식화하고 확장하는 일은 정당쇄신의 선결적 과제에 속한다. 그러나 그렇다고 해서 지구당을 부활하는 것은 현 단계 한국 사회에서는 수용하기 어려운 제안이고, 과거처럼 많은 운영비용을 필요로 하지 않는다는 보장도 없으며, 나아가 중앙당의 상명하복식 동원체제의 하부 구조로 편입되어 운영되지 말라는 법도 없다.

그러나 정책 네트워크의 구축을 통한 정당형 협치 체제를 지향하는 경우, 정당의 최일선 기구도 기존의 지구당 성격을 본질적으로 바꾸어 협치 정신을 구현하는 양식으로 개편되어야 할 것은 당연한 주문이다. 정당과 지역 유권자 사이의 동반자적 협력을 구현하는 장치로 바꾸어 재구성하자는 것이다. 이럴 경우 과거의 지구당처럼 정당의 지역 최일선 하부구조로 작동하는 것이 아니라 지역주민의 생활정치와 국가기구의 최일선 기관 가운데 하나인 정당을 연결하는 네트워크 내지는 담론과 소통의 장으로 기능하게 하려는 것이다. 정당의 최일선 기구가 아니라 정당과 지역정치공동체 사이의 연결핀을 구축하자는 말이다. 지역단위의 소통과 담론의 공간을 열자는 것이기도 하다. 바로 이점에서 "유권자 까페"의 설치 수요가 발생한다.

3) 개선안

(1) 현재의 당원협의회를 폐지하고, 국회의원 선거구 단위로 유권자 까페를 설치, 운영하도록 한다.

(2) 동 까페는 정당의 최일선 하위단위이기는 하지만 운영상의 독립성을 갖고 독자적으로 운영되는 정당과 지역 유권자 간의 동반자적 협치 기구이며 지역공동체의 네트워크 중심축으로 구성된다.

(3) 따라서 동 까페는 당원과 지역의 일반 시민이 함께 활동하고 운영하는 사무공간이고, 자율적 운영을 원칙으로 하기 때문에 까페의 장을 따로 두지 않으며, 단지 당원과 지역활동가나 유권자들로 구성되는 운영위원회를 두어 최소한의 행정지원업무만을 담당하게 한다.

(4) 이에 따라 동 까페는 당원과 유권자 간의 열린 소통 공간이고 문화활동, 민주시민교육, 정치참여가 이루어지는 장소이며, 풀뿌

리 시민단체, 직능사회단체 등의 NGO와 지역현안을 협의하는 네트워크의 중심축이고, 입법 및 조례에 대한 청구와 시민감사 등이 이루어지는 민관협력의 장소이며, 주민의 일상적인 이해관계와 요구를 자치적으로 소화하고 서비스를 공급하는 지역결사체로 활동하게 된다.

(5) 동 까페의 최소운영경비는 정당에 대한 기존의 국고보조금 범위 내에서 이를 중앙당, 정책연구소, 유권자 까페의 지원금으로 세분하여 직접 제공하도록 하고, 지원금에 대해서는 선관위의 감사를 강화하도록 한다.

4) 기대효과

지방의회 의원, 단체장, 각급 선거의 예비 후보 등록자, 지역 NGO 활동가 등이 주축이 되어 지역에서 정당과의 연계활동을 강화하면서 생활정치를 활성화하는 중심축으로 작동하게 될 것이다. 이는 정당의 중심축을 지역정치 공동체로 이동하면서 시민사회중심의 패러다임으로 기성정치의 운영 프레임을 근본적으로 바꾸는 출발점 가운데 하나가 된다. 유권자와의 접촉면을 확장하고 협력적 네트워크로 전환시켜 유권자에 의한 생활정치를 활성화하고 정당정치와 생활정치의 간극을 메우는 것은 물론이다. 이런 유권자의 참여 공간 확장은 정치적 부패와 민의의 왜곡을 줄일 수도 있게 된다. 결과적으로 지역정치공동체의 활성화를 위한 토대로 작동하게 될 것이다.

8. 정당 공천제도의 개혁

1) 현황

새누리당의 대통령선거 후보 선정은 제한적 국민참여경선(당원 30%, 대의원 20%, 일반유권자 30%, 여론조사 20%), 국회의원과 지방자치단체 선거 후보는 공천심사위원회(내부인사+외부인사)가 공천권을 갖고 있지만 실제로는 불분명한 기준에 따라 공천되고 있어 공천권이 특정집단이나 개인에 의해 좌우된다는 평가가 적지 않다. 당헌·당규에 국민공천배심원단제도, 국민참여선거인단대회 등이 명기되어 있지만 대통령선거 후보와 시도지사 선거 후보 외에는 실질적인 경선이 이루어지지 않고 있다. 이와 관련하여 자치단체선거 후보 공천에 대한 당협위원장의 영향력을 차단해야 한다는 요구가 특히 비등하고 있다.

2) 논거

참정의 주도권을 정치적 대리인으로부터 국민에게 되돌려 주고자 한다면 그런 정치적 대리인의 공천과정에서부터 국민에게 주도권을 돌려주어야 할 것이다. 공천권의 실질적인 장악력을 다원화 내지는 분권화하는 일은 공천과정의 독과점을 타파함으로서 정당 민주화를 촉진하는 핵심요인 가운데 하나다. 제한된 후보자 가운데에서만 투표해야 했던 유권자들에게는 스스로 후보자군을 정할 수 있게 된다는 점에서 민주주의의 이상에 부합하는 것일 뿐만 아니라 공천과정의 공정성 보장 면에서도 의의가 크다. 정당으로서는 상징성 조작이나 지지 동원에도 유리하게 된다.

그러나 개방형 국민참여경선제가 후보자 중심의 정치를 불러오면서 정당의 약화를 초래하게 될 위험성은 적지 않다. 선거과정에 언론의 영향력이 확대되고 금권 개입의 가능성이 커지기 때문이다. 그러나 정당의 상대적인 약화는 원내정당중심 쪽으로 이동하고자 하는 경우 크게 문제될 것이 없어 보인다. 다만 경선과정에 유권자들이 잘 참여하지 않는 경우에는 성공을 약속하기가 쉽지 않다는 점이 문제다. 적극적 지지자만 참여하는 데에서 오는 후보자나 그에 따른 정당의 이념적 편향성이나 극단성도 문제다. 유권자의 전략투표로 이를 해결한다는 주장(임성호, 2006:4-8)도 있지만 참여 자체가 소극적일 경우 이를 극복할 대안이 마땅치 않다는 점은 주목해야 할 과제다.

보다 더 유권자의 참여를 독려할 다양한 방법의 모색이 필요한 이유다. 권역별 경선과 공천은 이점에서 유리하다. 정치과정의 중추가 보다 더 유권자와의 지근거리로 이동함으로서 유권자의 관심을 유발하고 참여의 동기를 촉진하는 데 기여할 뿐만 아니라 정당 내부의 권력구조 분산과 정당 내부 민주주의의 신장에도 기여하게 된다.

선거가 진정한 의미의 국민 참여가 가능하게 하여 국민과 정당 내지는 국가와의 연결핀 역할을 수행할 수 있도록 만들기 위해서는 유권자가 공천대상자에 대한 정보를 충분히 소화할 수 있는 시간적인 여유가 보장되어야 한다. 이점에서도 국민참여경선은 기여하는 바가 적지 않다. 후보자에 대한 관련 정보를 경선과정과 본 선거를 통해 두 번 제공하는 효과 내지는 사전 고지 효과가 있을 것이기 때문이다.

3) 개선안

(1) 기초단체장과 기초의회의원은 정당공천 폐지(대선 공약): 다만 여성 등 소수자의 진출을 보장하기 위해 비례대표 의원 정수를 기초의회의원 정수의 3분의 1로 상향 조정하고 이 가운데 100분의 50 이상을 여성으로 추천하게 한다(법률개정 필요과제-공직선거법). 일괄법을 적용하여 한시적으로 폐지한 후 향후 3회(12년)의 선거를 실시해 본 이후 당시의 정치현실을 감안해서 다시 정하도록 한다(법률개정 필요과제-공직선거법).

(2) 대통령, 지역구 국회의원, 광역자치단체장 후보는 선거구 단위의 개방형 국민참여경선제(open primary)로 선출한다(법률개정 필요과제-공직선거법).

(3) 비례대표 국회의원은 권역별 국민참여 경선을 통해 최고득점자 순위로 공천하되, 이 경우 여성공천을 위한 성별 균등배분을 위해 여성공천자에게 홀수번호를 부여한다(당헌당규 개정과제-공직후보자추천위원회 규정/공직후보자 추천규정).

(4) 권역별 비례대표 후보자 명단은 광역시도당에 의해 구성되는 권역별 비례대표명부작성위원회가 권역별 비례대표 의원 정수의 2배수로 작성하게 하되, 비례대표제의 취지를 살려 여성, 소수자,

장애인, 직능대표 등을 포함하도록 하는 명부작성 상의 지침은 이를 중앙당이 정해서 전달하도록 한다(당헌당규 개정과제-공직후보자 추천위원회 규정/공직후보자 추천규정).

(5) 광역지방의회의원은 광역시도당에 의해 구성되는 권역별 공천심사위원회가 공천하도록 한다. 이때 당협위원장과의 협의를 의무화하고 있는 현재의 당규는 이를 삭제하도록 한다(당헌당규 개정과제-공직후보자추천위원회 규정/공직후보자 추천규정).

(6) 대통령 후보는 선거일 4개월 전, 국회의원 후보와 광역 자치단체장 후보는 선거일 2개월 전까지는 선관위에 후보등록이 완료되어야 한다(법률개정 필요과제-공직선거법).

(7) 정당의 상향식 공천과 당내 경선시 선관위 위탁을 의무화하고, 공천과정의 공정성을 담보하기 위해 공천심사관련 자료를 모두 선거관리위원회에 제출, 공개하도록 하며, 이들을 위반하였을 시에는 선거관리위원회가 후보등록의 수리를 거부할 수 있게 한다(법률개정 필요과제-공직선거법).

(8) 각급 선거의 공천 방식이 서로 다른 것은 각급 선거의 목적과 성격, 대상 범위가 상이한 만큼 꼭 통일되어야 할 이유가 없기 때문이며, 새로 도입하는 개방형 국민참여경선제가 기대하는 성과를 가져오는지를 지켜보면서 점진적으로 확대 도입하자는 의도가 깔려 있고, 모든 선거의 공천을 예비선거제로 운영하는 경우 과다비용이 발생한다는 점을 고려한 결과이다.

4) 기대효과

공천결과에 대한 불복종이나 비판이 없어지게 된다. 공천과정의 투명성과 공정성이 확보됨에 따라 당의 경쟁력을 제고하게 된다. 공천을 사실상 특정인이나 계파가 독점하는 일을 막음으로써 당권이 소수자의 수중에 집중되는 일을 방지하고, 권력의 중심축을 하향 이동함으로서 좀 더 유권자 친화적인 정당 운영양식을 조장하게 된다. 정치정보의 공개와 국민 참여기회의 확장을 낳는다.

그 과정에서 국민경선을 통해 새로운 지지자(supporters)를 발굴하고, 기존 지지자들의 참여의식을 높임에 따라 정당의 지지 기반을 확대할 수 있게 된다. 네트워크 정당 내지는 유권자 중심 정당으로의 변화를 유도하고, 지역에서의 경쟁력을 강화하게 된다. 정책선거를 지향하고 유권자의 알 권리를 충족시키게 된다. 특히 광역시도당으로의 공천권 이양은 정당내부의 권력집중을 완화하면서 당내민주주의의 확장과 함께 정치권력의 중심축을 지역 친화적으로 분산 이동하는 데에 기여하게 된다.

V

선거과정의 쇄신방향과 과제

1. 국회의원 선거제도의 개혁

1) 현황

현재 국회의원은 기본적으로 소선구제 하에서 단순 종다수제에 따라 당선자가 확정되고 있다. 여기에 비례대표제가 보완적으로 도입되어 의원 정수 300명 가운데 246명이 소선구제, 54명이 비례대표제를 통해 선출된다. 제헌 국회 이래로 다양한 변화가 있었으나 기본적으로는 이런 골격이 유지되어 왔다. 그런데 소선구제의 채택으로 인해 승자독식과 그로 인한 대표성 왜곡, 선거과열 등이 초래되고 있다는 사실은 주지하는 바와 같다. 다수당이 과대 대표되고 소수당이 과소 대표되고 있으며, 지역중심의 의석 집중 현상을 촉진하는 결과가 되고 있다. 득표율과 의석점유율간의 격차를 나타내는 지표인 표의 불비례성이 높은 까닭이다. 선거과정이 지역주의로 인해 정책대표성이나 사회통합 기능을 수행하는 데에 역진적 효과를 내고 있어 이를 완화할 필요성이 제기되어 있다.

정보사회의 도래 이후 생활권역이 급속히 확장하는 추세에 있고 사회관계의 복잡성이 제고되면서 고도 정책능력에 대한 수요가 폭증하고 있어도 이를 선거과정에 반영하려는 노력은 외면되어 왔다. 특히 지구화 시대의 확산과 함께 사회 양극화가 심화되고 그 결과 소수자에 대한 배려 요구가 커지고 있고, 정보사회 이래의 소중화 현상이 강화되면서 소수자의 비토권이 커지고 있어 이를 반영해야 할 수요도 적지 않다. 이런 점을 감안하면 비례대표제가 강화되어야 하지만 비례대표 의원 정수가 너무 적어 비례대표 도입 취지를 제대로 살리지 못하고 있다.

2) 논거

오랜 역사적 경험으로 인해 지역구 선거에 있어서는 소선구제에 대한 사회적인 합의와 충성도가 매우 높다. 반면에 생활권역의 확장, 기능적 대표성에 대한 요구, 사회적 소수자에 대한 배려, 소선거구제에서의 사표발생에 따른 대표성 보완에 대한 요구 등을 감안하면 비례대표제 도입 취지에 따라 비례대표 의원 정수를 늘려야 할 필요성이 크다. 그러나 그렇다고 해서 비례대표제를 강화하는 경우 다당제의 출현을 유도하면서 분점정부나 연립정부의 출현 가능성을 높이게 되고, 그 결과 그렇지 않아도 어려운 정치권 내부의 이견 조정이나 갈등과 대립의 순화가 손쉽지 않게 된다. 국회의원 정수를 확장하는 데 대해서는 사회적 동의를 구하기가 어렵다.

이런 점들을 감안하면 지역주의를 순화하기 위한 방편으로는 비례대표제에 의한 국회의원 선출을 권역별로 나누어 진행하도록 하고, 비례대표제의 도입 취지를 살리기 위해서는 비례대표제에 의해 선출되는 의원의 정수를 크게 늘리는 방안을 고려해 볼 수 있을 것이다.

3) 개선안

(1) 국회의원의 지역구 선거는 현재의 소선구제를 유지하도록 한다.

(2) 비례대표는 권역별 정당명부식 정당투표 제도로 선출한다(법률개정 필요과제-공직선거법).

(3) 현재의 의원 정수를 유지하되 지역구 의원정수와 비례대표 의원 정수를 2:1로 조정한다(법률개정 필요과제-공직선거법).

4) 기대효과

비례대표의 권역별 선거로 인해, 지역구 국회의원이 지역의 토호세력에 포획되거나 지나친 사적 이해관계에 몰입하게 되는 현상을 보완하면서도 권역별 정책능력을 강화하게 되는 변화를 기대해 볼 수 있다. 권역별 선거로 지역당 등장과 유사한 효과가 발생하면서 정당 내부적으로는 의사결정권의 하향 분권을 촉진하게 된다. 권역별 선거로 인해 비례대표 후보자에 대한 정당명부의 규모가 줄어들면서 유권자의 후보자에 대한 분별력을 상대적으로 높일 수 있게 된다. 권역별 비례대표 의원 배분으로 인해 지역에 따라 석패율 제도[15] 도입과 유사한 지역주의 완화효과가 발생할 가능성이 생긴다.

---

15) 석패율제도는 일본이 동일 후보자로 하여금 소선거구와 비례대표에 중복입후보 하게 하고 중복입후보 한 후보의 유효득표수 대비 해당 소선거구의 당선자 유효득표수에 따라 석패율을 정하고 이를 기준으로 비례대표당선자 순위를 확정하도록 한 제도다. 후보자 개인에 대한 지지가 후보자가 속한 정당에 대한 지지로 연결되는 전이효과를 가져온다고 하여 혼성효과를 동반한다고 보았다. 그 결과 지역주의 성향을 희석시키는 데에 효과가 있다는 평가다.

2. 교육감 선거제도의 개선

1) 현황

현행 교육감 선거제도는 정치적 중립을 표방하여 교육감 후보자에 대한 정당공천을 배제하고 있지만, 실제 선거과정에서는 정치권과 각종 이익단체가 공공연하게 개입하면서 교육현장이 정치화되고 있다. 사실상의 정당 개입현상이 자리 잡고 있으며 여러 이념단체의 활동으로 인해 보혁 간의 대결과 이념적 진영논리가 선거를 지배하고 있다. 과다한 선거비용으로 인해 후보자는 엄청난 재정 부담을 지게 되고, 이로 인해 선거자금비리, 이익단체 개입등 불법·부정 선거의 유혹에 빠지는 경우가 적지 않다. 후보자의 난립과 그로 인한 단일화 과정에서 금품수수 및 사실상의 대표성왜곡 등 부작용이 적지 않은 것도 사실이다.

시·도지사와 교육감을 모두 주민직선으로 선출하면서 각각 주민대표성을 주장하게 되었고, 그런 그들의 정치성향에 따라 협력관계가 될 수도 있고, 경쟁관계가 될 수도 있는 데, 서로의 이념성향이 다를 경우 수평적 협력보다는 교육정책상의 혼란과 갈등을증폭시키게 되는 것이 현장의 실상이다. 교육자치 재정의 고갈로인해 교육현장이 많은 어려움을 겪고 있다는 점도 감안해야 할과제다.

2) 논거

교육감을 직선하는 데에 따르는 여러 문제점을 해결하기 위해 시도지사에 의한 임명제를 도입하자는 주장도 있지만, 그럴 경우 교육감이 되려는 이들이 지방자치단체의 장에게 줄서기 하는 현상이 나타날 것이고 결과적으로는 교육이 정치화한다는 비판을 면하기 어렵게 된다. 교육감 선출에 주민참여가 없기 때문에 교육자치의 본래 취지 가운데 하나인 민주성을 보장하지 못한다는 약점이 있으며 구시대 정치로 회귀한다는 비난이 일어날 수도 있다.

이런 임명제의 한계와 직선제의 문제점을 감안하여 동반후보제(러닝메이트)를 도입하자는 주장도 있으나, 이 경우에는 시 · 도지사와 교육감 중에서 지지 후보자가 다를 경우 그 의사를 선거 결과에 반영하기가 어렵고, 교육감이 시 · 도지사의 하부기관으로 인식될 우려가 있으며, 교육이 행정에 예속되면서 교육의 자주성, 전문성을 확보하기 어렵다는 문제점도 제기된다. 나아가 교육감 후보자도 당적을 갖고 선거에 임할 수밖에 없다는 점에서는 교육의 정치적 중립성에 배치된다는 문제점도 있다.

교육구의 관할 범위를 현재의 광역자치단체 수준에서 보다 더 세분화하여 기초자치단체 수준으로 대폭 축소함으로서 선거과열을 막고 주민의 보다 다양한 교육선택권을 보장하자는 주장도 있으나, 이 경우 무수히 늘어나는 교육구의 행정지원 비용이 과대 발생하는 문제가 적지 않고, 선거과정에서 지방 토호에 의한 포획이나 과열, 보혁 간의 대결은 오히려 더 심화될 수도 있다는 관측이 적지 않다.

3) 개선안(법률개정 필요과제-지방교육자치에 관한 법률)

(1) 현실적으로 어느 대안을 선택하든 문제점을 안고 있고 아직 교육자치가 정착하는 과정에 있다는 점을 고려하여, 임명제, 동반 후보제, 직선제를 모두 인정하고 이들 가운데 하나를 당해 광역지방의회가 조례로 채택하게 한다.

4) 기대 효과

어느 제도든 지역에 따라 서로 다른 효과가 나타날 수 있음으로 현실적으로 우리에게 적실성 높은 대안이 어떤 것인지를 경험을 통해 확인해 보자는 것이다. 교육자치의 본래 목적 가운 데 하나인 지역 주민의 선택권을 확대 보장함으로서 교육의 다양성과 민주성을 확보하게도 된다. 교육자치 제도의 총체적 관점에서 보면 보다 분권적인 효과를 주문하는 것이기도 하다. 여기에 추가해서 제도 변화로 인해 발생하는 또 다른 차원의 사회갈등과 대립을 미연에 방지할 수 있다는 장점도 있다. 단일제도의 채택을 주문하는 데에서 오는 이해당사자들의 정략적 대응과 이에 따른 정치 쟁점화를 피할 수 있다는 뜻이다.

3. 선거구획정위원회의 개혁

1) 현황

현재는 국회의 부속기구로 구성되어 있어 이해당사자라고 할
수 있는 정치권의 영향력을 차단하기가 쉽지 않게 되어 있고, 결정
사항에 대한 구속력이 없어 자문 및 권고 기관에 지나지 않는 실정
이다. 한시적으로 활동하기 때문에 임시방편적, 인상주의적, 정략
적 활동요인을 배제하기 어려운 점도 문제다. 국회의 선거구 획정
에 대한 정치적 담합이 빈번하고, 선거구 간 인구 편차가 최소
1/3을 넘지 않아야 한다는 헌법재판소의 판결이 있었음에도 불구
하고 아직 시정되지 않고 있다. 위원회를 전원 외부 인사로 구성하
겠다는 대선 당시의 공약은 바로 이런 취약점을 개선하자는 취지
로 해석된다.

여기에 더해 도시화 현상의 심화와 함께 지역 간 인구 이동이
지속적으로 이루어지고 있어 지역 간 의원정수의 편차를 시정해야
한다는 요구가 꾸준히 제기되어 왔다. 가장 대표적인 것으로는
충청지역과 호남지역 간의 국회의원 의석 편차 시정에 대한 요구
다. 2013년 5월 건국 이후 처음으로 충청지역 인구수가 호남지역
인구수를 앞질렀다. 그러나 현재의 충청지역 국회의원 의석수는
25석이고 호남지역은 30석으로 5석이 더 많다. 이에 대한 시정요
구가 비등할 것은 자명한 이치다.

2) 논거

국회의원의 이해관계가 직결되는 사안을 국회 자체가 다루도록 하는 경우 정치적 왜곡을 피하기 어렵다. 선거구 획정 업무는 지역의 경제사회 공동체가 운영되는 경계의 확인, 인구이동의 추적, 지리적 특성에 대한 고려 등 시간적 여유를 갖고 지속적, 과학적, 객관적 양식에 따라 조사, 조정, 환류해야 비로써 목표를 달성할 수 있는 과제다. 이는 국회의 영향이 차단되는 곳에 독립적 상설 기구로 설치, 운영할 때 보다 용이하게 구현할 수 있는 업무다.

3) 개선안(법률개정 필요과제-공직선거법, 국회의원선거구 획정위원회 구성 및 운영 등에 관한 규칙)

(1) 중앙선거관리위원회 산하에 독립, 전문, 상설 위원회로 구성하도록 한다.

(2) 외부의 영향력을 받지 않고 독립적으로 운영하도록 한다.

(3) 전문가 중심으로 구성하여 정치적 영향력의 행사를 차단하도록 한다.

(4) 위원회가 정한 획정안은 국회의 선거구획정특별위원회가 심의, 확정하도록 하고, 동 위원회는 국회의원 5인과 선거구획정위원회 위원 가운데 5인으로 하여 서로 동수가 되게 구성한다.

(5) 위원회의 운영 및 의사결정에 관한 정보는 이를 모두 공개하도록 한다.

(6) 국회, 지방의회 등의 선거구 획정문제를 모두 통합하여 관리

하도록 한다.

4) 기대 효과

대표성 왜곡의 시정에 따른 정치과정의 정상화에 기여하게 된다. 과대대표와 과소대표에 따른 정파 간 대립과 갈등의 심화 현상을 극복할 수 있게 된다. 평등성의 원리에 기초한 선거구 획정이 보다 정교한 국민 대표성 확보의 출발점이라는 사실은 췌언을 요하지 않는다. 그리고 그 과정의 과학성, 객관성 확보를 통해 선거 결과에 대한 사회적 수용성과 정당성 기반을 높이게 될 것이다.

4. 선거운동자유의 획기적 확대

1) 현황

현재는 공직선거법 제59조(선거운동기간), 제254조(선거운동기간위반죄)에서 '선거기간을 대통령선거의 경우 23일, 국회의원선거와 기초자치단체선거의 경우 14일로 한다.' '선거운동기간을 선거기간 개시일부터 선거일 전날로 정한다'고 규정하여 사전 선거운동 금지 제도를 채택하고 있다. 이로 인해 국회의원과 정치신인(또는 원외 당협위원장) 간의 형평성이 문제되고 있으며 유권자의 정치적 자유, 참정의 권한이 크게 제한되고 있다. 당연히 유권자가 선거의 주인이 아니라 관객으로 밀려나 있어 선거 본래의 기능을 다하지 못하고 있음은 두말할 나위가 없다. 이미 인터넷 부문에서는 사전 선거운동이 사실상 무력화되어 있어 오프라인에서만 사전선거운동을 규제하는 것은 형평에 맞지 않는 일이기도 하다. 이를 인식한 중앙선거관리위원회도 최근 사전 선거운동금지 제도를 폐지하는 개선안을 제시하고 있다.

2) 논거

사실상 일상적인 정치활동과 선거운동을 구분하는 일이 기술적으로 쉽지 않고 이로 인해 정치신인의 정치권 진입을 저해하는 효과가 발생하고 있어 이를 시정해야 할 필요가 있다. 사전 선거운동금지가 참정권 및 정치적 자유권을 제약한다는 점에서 위헌의 소지가 있다는 주장에 대해 광범위한 사회적 공감대가 형성되어 있다. 따라서 사전선거운동 규정 폐지에는 전적으로 동감하나, 전면적인 폐지가 가져올 부작용에 대해 대비할 필요가 있으며, 특히 조직과 자금의 동원으로 선거가 혼탁해지거나 기성정치인과 정치신인 간의 간극이 오히려 더 커질 것에 대한 대비가 필요하다.

선거운동 규제의 패러다임을 바꿔서 행위 규제에서 비용 규제로 일대 전환이 이루어져야 한다는 데에 이론을 제기할 사람은 그리 많지 않다. 그러나 보다 더 중요한 것 가운데 하나는 선거운동의 자유가 확대된다고 해서 그것이 곧 바로 지역정치의 활성화나 정치적 참정의 확대를 약속하는 것은 아니라는 점에 대한 인식이 필요하다는 사실이다.

3) 개선안

(1) 사전 선거운동금지제도의 폐지: 이를 위한 전제조건으로 선거비용, 즉 총체적인 정치자금의 투명화를 강화해야 한다(법률개정 필요과제-공직선거법).

(2) 선거법 위반자에 대한 처벌 강화: 우선 선거법 위반으로 인한 당선무효 벌금형을 지금보다 훨씬 더 엄격히 규정하도록 한다. 현재는 "형의 집행유예 선고를 받은 자는 그 형이 확정된 후 10년간, 100만 원 이상의 벌금형 선고를 받은 자는 그 형이 확정된 후 5년간 제한"하도록 되어 있는 데, 이를 각각 20년 및 10년으로

연장하게 한다. 각종 부정부패 등(부정선거 포함)으로 인해 재보궐 선거가 실시되는 때에는 그 원인 제공자가 선거비용을 부담하도록 한다(법률개정 필요과제－공직선거법).

(3) 각급 선거 예비후보자 등록제도의 활성화: 각급 선거에 출마하려는 자는 상시 선거관리위원회에 등록할 수 있게 하여 정치활동의 시간공간을 확대하고, 등록할 경우 사무실과 1인의 사무원을 둘 수 있게 한다(법률개정 필요과제－공직선거법).

(4) 각급 선거 예비후보자 선거비용의 즉시 공개: 각급 선거에 출마하려는 자는 선거비용 제한액 범위 내에서 법률에 반하지 않는 한 자유롭게 선거운동을 하되 지출경비에 대해서는 비용지출 후 48시간 이내에 선거관리위원회가 제공한 회계프로그램에 따라 신고하고 신고된 내용은 즉시 인터넷을 통해 공개하도록 한다. 여기에는 수입지출일자, 성명, 주소, 거래내역자료의 사본 등을 첨부하도록 한다(법률개정 필요과제－공직선거법).

(5) 각급 선거 예비후보자의 상시 선거운동 허용: 선거관리위원회에 등록한 예비 후보자는 육성으로 자신을 알리거나 정책 토론에 나서는 등 선거운동을 상시 할 수 있게 허용한다(법률개정 필요과제－공직선거법).

(6) 후보자, 예비후보자 초청 토론회의 상시 허용: 누구나 각급 선거의 후보자나 예비후보자를 상대로 토론회를 열어 후보자 또는 예비후보자의 정책, 인물 됨됨이 등을 검증하고 확인할 수 있게 한다(법률개정 필요과제－공직선거법).

(6) 각급 선거 예비후보자의 휴직제도 도입: 각급 선거의 후보자가 되고자 하는 이들이 현재의 직장에서 사실상 퇴직해야 하는 사회적 관행을 고쳐 당선으로 인한 겸직금지 때까지 현재의 직장

에서 휴직할 수 있게 하여 보다 다양한 직능을 경험한 이들이 선거에 참여할 수 있게 한다(법률개정 필요과제-공직선거법).

(7) 유급 투표제의 도입: 고용인은 각급 선거에 투표하기 위해 피고용인이 업무시간 중 자리를 비울 수 있도록 허가해야 하고, 투표에 필요한 3시간 정도에 대해서는 통상 임금을 지급하도록 하여 보다 활발한 투표참여를 지원토록 한다(법률개정 필요과제-근로기준법).

4) 기대 효과

짧은 선거운동기간 이내로 정치활동을 제한하는 데에서 오는 정치활동 수요의 단기적 폭증현상을 시정하면서 불필요한 선거법 위반이나 정치왜곡현상을 시정할 수 있게 된다. 무엇보다도 생활 속의 정치시대를 열 수 있게 되면서 정치와 일상생활을 격리하는 현상을 극복하고 지역 수준의 정당 활동 기반을 강화하는 것은 물론이고 유권자 중심의 선거를 활성화하는 데 기여하게 될 것이다. 보다 건실한 경험을 축적한 후보자들이 선거에 참여하면서 "강제투표"에서 벗어나 유권자 선택의 자유가 실질적으로 확대되는 효과도 기대해 볼 수 있다. 선거가 후보자 중심의 패러다임에서 유권자 중심의 패러다임으로 전환하는 전기를 제공하면서 정치과정에 대한 국민 참여 공간의 확대에 기여하게 된다.

5. 유권자 맞춤형 온라인 선거운동체제의 정비

1) 현황

일반적으로 정당 특히 새누리당은 디지털 마인드 부족으로 인해 "시대에 뒤쳐졌다"는 인상을 주고 있는 것이 사실이다. 시대의 변화로 인해 온라인에 익숙한 20/30세대 유권자들에 대한 정당의 접근성을 강화할 필요성이 제기되는 이유다. 온라인 선거운동을 위해 선거를 앞두고 외부 전문가를 초빙하는 식의 임시방편적, 편의적 접근방식으로는 온라인 선거운동에 대한 수요를 체계적으로 수렴할 수가 없다. 미국 오바마 대통령의 대선 승리 이후 "미시적 대상집단화 전략(micro-targeting strategy)" 등은 이미 정당 선거의 필수과제가 되어 있다. 이를 벤치마킹해야 한다는 주장이 적지 않다.

2) 논거

온라인상의 정당활동을 강화하는 일은 특정 정당의 정치적 지지 기반을 확대한다는 차원을 떠나서 정보화 시대의 필수불가결적인 과제가 되어 있다. 특히 자존감과 자기중심성이 강한 20/30세대에게는 절대적인 수요가 있다. 정치적 갑을 관계 형성의 기초라고 할 수 있는 물리적 한계를 초월할 수 있게 한다는 점에서는 열린

민주주의를 여는 초석이기도 하다. 온라인 선거운동뿐만 아니라 정당 운영 시스템 전체를 정보사회의 수요에 맞도록 개선, 보완할 필요가 있다.

3) 개선안

(1) 오프라인 위주의 정당조직을 개편하여 디지털위원회 대신 보다 더 비중 있는 온라인 책임자 자리를 신설한 후 "온라인 정당 선포식"과 함께 당의 디지털 문화를 개선하고, 개별유권자 맞춤형 온라인 선거운동 방식을 개발한다(당헌당규 개정과제).

(2) 이를 위해서는 단계적인 제도도입과 시범운영이 필요하다. 예컨대 2014년 6월의 지방선거에 대비해서 수도권을 중심으로 개별유권자 맞춤형 온라인 선거운동 방식을 시범운영해 본 후, 이를 토대로 2016년 총선과 2017년 대선에 준비하는 단계적, 점진적 개혁전략을 도입할 필요가 있다.

(3) "사이버 연수원"을 비롯한 온라인 활동에 유권자의 참여를 확대할 수 있도록 하고, 전국의 대학생들이 동영상을 만들어 올리는 등 젊은이들의 참여를 개방하는 방안도 고려되어야 한다.

(4) 새로 만드는 "사이버연수원"은 미국의 TED(Technology, Entertainment, Design)[16]형으로 하고, 향후 젊은이들이 많이 참여

---

16) TED는 1984년 미국에서 창립된 비영리단체로서 명칭에 나타나 있는 것처럼 기술, 오락, 디자인을 융합하여 "널리 퍼져야 할 아이디어(idea worth spreading)"를 공유하고자 하는 데 목적을 두고 있다. 다양한 분야의 유명인사를 초대하여 강연하게 하고 이를 웹사이트에 올려 공유하는 등 "세상을 바꾸는 소망"을 가진 이들의 모임이자 이들이 운영하는 강연회의 명칭이기도 하다. 현재 운영조직은 뉴욕과 밴쿠버에 있다.

할 수 있는 방안을 고안해 나가야 한다.

4) 기대 효과

각급 선거에서의 정당 경쟁력을 획기적으로 높이게 될 것이고 특히 20/30세대의 유권자 지지를 확대하면서 장기적으로는 정당 정치의 확산과 지지기반을 공고하게 할 수 있다. 정당의 사이버 공간을 확대한다는 일은 정치과정에 대한 국민 참여의 공간을 대폭 확대하는 효과를 낳게 하며, 기성정치가 생활정치로 이동하는 과정에서 매우 중요한 매개 장치로 작용하게 된다. 특히 20/30 세대와의 소통이 확대되는 경우 정치과정에 대한 세대별 참여왜곡 현상을 시정하는 결과도 낳게 될 것이다.

VI

국회운영의 쇄신방향과 과제

1. 국가 옴부즈만 제도의 도입

1) 현황

정보사회의 도래 이후 "정부의 실패"는 국정운영에 따른 국민고충이 일상화되었음을 뜻한다. 이렇듯 국민고충이 일상화하는 시대에 살고 있으면서도 우리의 국민고충 대응체제는 제 역할을 다하지 못하고 있다. 국민 불만이 가중될 것은 물론이다. 이는 정치 불신을 야기하는 중요요인 가운데 하나이기도 하다.

현재는 이를 국무총리 소속 국민권익위원회가 담당하고 있으나 행정부 소속 기관이 행정부의 운영에 따른 문제를 시정하거나 개선하고자 한다는 점에서 "내재적 통제"의 한계를 벗어나지 못하고 있다. 국민권익위원회는 종전의 국가청렴위원회, 국민고충처리위원회, 행정심판위원회를 통합하여 만든 기구지만 현재는 여야가 이 가운데 국가청렴위원회를 독립시키기로 결정하여 기구개편이 불가피한 실정이다.

국민고충처리와 관련하여 국회 내에 진정청원제도가 있기는 하지만 국회의원에 의한 소개를 전제조건으로 삼는 등의 이유로 인해 사실상 형해화되어 있다.

2) 논거

법규중심주의, 과정통제, 계서제의 원리 등 선형체계론에 의존하는 행정국가형 국정운영 양식이 정보사회 이후의 사회구조 변화에 상합하지 않는다는 점에 대해서는 이론의 여지가 없다. 그러나 그렇다고 해서 현재의 국정운영시스템을 전반적으로 대체할만한 혁신적인 대안이 고안되어 있는 것도 아님으로 이제 국정운영과정에서 국민의 고충이나 불만이 발생하게 되는 것은 부분적, 일시적, 병리적 현상이 아니라 전반적, 항상적, 본질적 문제라는 인식의 전환이 필요하게 되었다.

그런데 행정집행과정에서 발생하는 국민고충을 또 다시 행정관리 양식으로 대응한다는 것은 새로운 국민고충의 연쇄 고리를 낳게된다는 것을 뜻한다. 관료제의 병리를 관료제로 해결하고자 하는 것이며, 법 앞의 평등을 내세워 이미 호소력을 상실한 형식상의 다수결주의로 다시 소수파의 이해관계를 매몰시키려는 것에 다름 아니기 때문이다. 국민고충 처리문제를 단순히 종합민원처리 수준에서 대응하는 차원을 넘어 새로운 시각에서 대응해야 하는 이유다.

"대항관료제(counter-bureaucracy)"의 관점에서 소수의 패배, 민원의 고통, 개인의 과제를 다수나 국가의 편익이 아니라 소수파의 입장에서 다룰 수 있어야 한다. 이점에서 다수를 표방하는 국가를 상대로 소수자로서의 개별적 민원 사안을 연결하고 대변하는 "외교관"을 필요로 하게 된다. 이때의 외교관은 법규 의존적, 선례 답습적, 분업적, 할거주의적, 접근시각에서 벗어나 권고적, 종합적, 현장 중심적, 중개 조정적 문제해결양식에 의한 종국적 대응전

략을 취하고 또 취할 수 있어야 한다. 바로 이점에서 법규중심주의
와 일원주의에 기초하는 국가기구라기보다는 일종의 준정부적인
성격을 지향하는 유연한 성격의 존재가 되어야 한다.

바로 이점에서 국가와 시민사회를 연결하는 중간집단에 해당하
며 국회와 유권자를 연결하는 새로운 통로로서의 의미도 지니게
된다. 같은 중간집단 성격의 연결통로로는 정당이 있지만 정당이
투입기능에 주목하는 데 반해 옴부즈만은 환류기능에 강조점을
두는 것이라고 하겠다.

3) 개선안

(1) 국회 소속으로 "국가 옴부즈만(Ombudsman of Korea)" 기구를
두고 현재의 국민권익위원회 업무 가운데 과거 국민고충처리위원
회가 다루던 업무를 국회로 이관하여 관장하도록 한다(법률개정 필
요과제-국회법 / 부패방지 및 국민권익위원회의 설치와 운영에 관한 법률).

(2) 국회의장이 여야당과 협의하여 국가 옴부즈만 1인을 지명하도록
하고 이를 지원하는 사무기구로 과거 국민고충처리위원회에 해당하는
사무기구를 국회로 이관 하여 지휘하도록 한다(법률개정 필요과제-국회법).

(3) 고충처리업무의 성격을 종합민원처리와는 달리 권고적, 합
의적, 종국적, 독립적 양식에 따라 다루도록 하면서 기관 성격을
재정립, 강화하도록 한다(법률개정 필요과제-국회법).

(4) 고충 및 민원 사례를 종합하여 필요하다고 생각되는 행정체
계 개선 및 정책개발에 대해서는 이를 해당 상임위원회로 보내
관련 법규의 제개정에 참고토록 하여 입법과정과 체계적으로 연계

토록 한다(법률개정 필요과제-국회법).

(5) 시도당의 정책민원팀 등을 통하여 접수 및 중개되는 민원들을 연계하여 전국적으로 국민고충처리를 위한 기능적 네트워크를 갖추도록 한다(당헌당규 개정과제).

4) 기대 효과

행정부 외부에서 추동되는 "외재적 통제"가 이루어지면서 행정부의 "제 식구 감싸기"나 자기 시각에 매몰되는 현상을 극복할 수 있게 되어 보다 적극적인 고충 및 민원 시정이 가능하게 된다. 국민의 고충과 민원을 단순한 종합민원처리가 아니라 옴부즈만의 양식으로 접근하면서 문제 해결의 신속성, 종국성, 편의성이 높아져 국민의 불만을 줄이는 데 기여하게 된다. 이 과정에서 형식적인 다중의 사회가 아니라 소수와 다수의 빈번한 결집과 분산을 통한 참여와 승인, 이를 기초로 하는 재통합 내지는 재다중화(再多衆化, re-massifying) 사회를 지향하게 된다.

다른 한편, 국회의 기능을 단순히 정치적 욕구의 투입 및 정책의 심의 및 결정 기구로 인식하던 데에서 더 나아가 정책집행 이후의 평가 및 환류단계의 과제까지를 연계해서 다루는 기구로 그의 정체성을 재정립하게 된다. 이 경우 지금까지 국회에 대해 가지고 있던 정치불신을 크게 해소하는 전기를 제공할 수 있게 된다. 군림하는 국회가 아니라 국민고충을 해결해 주는 서비스 제공기구로 재탄생하게 되면서 국회의 대 국민 면모를 일신하게 되는 것이다. 다수의 강제력이 아니라 소수의 중요성을 강조하는 기구로 재탄생되는 것이다.

2. 국민소환제의 도입

1) 현황

극심한 정치파행과 그로 인한 정치 불신으로 인해 정상적인 대의정치의 운영이 쉽지 않다. 대의제도 자체가 정보사회 도래 이후의 사회관계에 효율적으로 조응하기에는 그의 구조적인 한계가 적지 않다는 점에 대해서는 이미 여러 번에 걸쳐 지적한 바 있다. 소수의 언권이 강화되면서 "거부권의 정치" 시대가 열리고 그로 인해 의회가 교착상태에 빠지는 일이 빈발하고 있다. 정치적 대리인에 의한 지대추구나 의회가 국민의 요구에 대한 탄력적 대응력을 상실하게 되었다는 점 등은 이미 상식처럼 되었다. 따라서 국회와 국회의원이 대표성을 위임받았다고 하여 항상적으로 활동하게 할 것이 아니라 그때그때의 상황에 따라 대표성 위임을 중지하거나 재위임하는 등의 조치가 필요하게 되었다. 그때그때의 상황 변화에 따라 적의 조응해 나가는 점멸식(plug-in / plug-out) 정치가 필요하게 된 것이다(Toffler & Toffler, 1992:18).

이점에서 볼 때 국민이 국회의원을 직접 통제하고자 하는 욕구가 과거 그 어느 때보다도 커져 있을 것은 당연한 이치다. 국정운영의 주도권을 국민에게 되돌려 준다는 것은 단순히 정책과정의 투입, 산출 단계에서만 요구되는 것은 아니다. 오히려 환류단계에서 보다 더 참여에 대한 욕구가 절실하다고 해야 옳을 것이다. 환류단계에서 제기되는 과제는 국민 각자가 국가의 정책을 경험한 후 발생하는 보다 더 개별적이고 구체적인 고충에 기인하는 것인 만큼 국민 개개인에게 있어 보다 더 절실하게 느껴질 것이기 때문이다.

2) 논거

한국의 경우 제헌헌법에서 이미 국민소환의 근거가 마련되어 있었다. 다만 제3공화국이 들어서면서 헌법에서 이를 삭제했을 뿐이다. 제헌헌법 제27조에 따르면, "공무원은 주권을 가진 국민의 수임자이며 언제든지 국민에 대하여 책임을 진다. 국민은 불법행위를 한 공무원의 파면을 청원할 권리가 있다. 공무원의 직무상 불법행위로 인하여 손해를 받은 자는 국가 또는 공공단체에 대하여 배상을 청구할 수 있다. 단, 공무원 자신의 민사상이나 형사상의 책임이 면제되는 것은 아니다".

지방자치법에도 주민소환제도가 도입되어 있다. 지방자치법 제20조(주민소환)에 따르면, "① 주민은 그 지방자치단체의 장 및 지방의회의원(비례대표 지방의회의원은 제외한다)을 소환할 권리를 가진다. ② 주민소환의 투표 청구권자 · 청구요건 · 절차 및 효력 등에 관하여는 따로 법률로 정한다."고 되어 있다. 국민소환정신이 이미 지방정부 수준에서는 도입되어 있는 셈이다.

그러나 헌법상 국회의원의 임기가 4년으로 보장되어 있어 위헌의 소지가 크다는 주장이 있을 수 있다. 그렇지만 비록 헌법 상 보장된 임기라고 하더라도, 공직선거법상 선거의 공정성 확보를 위해 당선자가 비교적 낮은 금액인 100만 원 이상의 벌금형을 받는 때에는 당선 무효가 되게 하고 있고, 피선거권 규정에서 일반 형사범죄로 금고 이상의 형을 선고 받고 실효될 때까지는 피선거권을 상실케 하거나 임기 중 의원직을 상실케 하는 등 국회의원의 임기에 관하여 헌법상 입법자에게 광범위한 재량을 부여하고 있다.

이점을 감안해 볼 때, 국회가 스스로 국민소환제를 도입하여 일정한 경우 임기 4년의 헌법상의 권리를 포기하고자 한다면 (사직과 유사하게) 국회의 권리를 스스로 내려놓는다는 점에서 무방하다. 또한 국민소환의 요건을 헌법상 국회의원에게 부여된 의무 위반 (청렴의 의무, 국가이익 우선의 의무, 지위남용 금지의무)에 한정하고, 공직선거법상 피선거권 규정에 국민소환을 받는 경우 5년이 지나지 않는 때에는 피선거권을 상실한다고 규정한다면, 국회에 광범위한 입법 재량권이 인정되고 있고, 국회 스스로가 헌법상의 임기인 4년 보장을 포기했으며, 국회의원의 헌법상 의무위반에 한하여 소환을 인정하고, 정치쇄신에 대한 국민의 열망을 감안할 때 위헌으로 판정하기가 어려울 수밖에 없다.

국민소환은 또한 형식적 국민주권론에서 실질적인 국민주권론으로 이동하자는 것임으로 기존의 헌법과 충돌할 여지가 없지 않은 것도 사실이다. 그러나 대의제는 국민주권론과 동열의 것이 아니라 국민주권을 실현하기 위한 수단 가운데 하나일 뿐이라는 사실을 상기해 볼 필요가 있다. 국민의 기본주권은 선거 때만 한정된 것이 아니라 항상적 성질의 것이며, 따라서 대리인의 선출권뿐만 아니라 소환권과 해임권도 국민에게 있다고 보게 된다.

특히 대통령에 대한 국회의 탄핵권을 중심으로 살펴보면, 헌법이 이미 국민에 의한 대통령의 직접 선출이나 임기제에도 불구하고 파면제도를 도입하고 있어 자유위임이나 임기제를 이유로 국회의원에 대한 국민소환의 위헌성을 제기하는 것은 타당하지 않다. 3권간의 분립과 견제 및 균형의 유지라는 측면에서 보더라도 국회에 의한 대통령의 탄핵은 상대적으로 용이하게 되어 있으면서도 국회의원에 대해서는 효율적인 소환제도가 마련되어 있지 않다는 점을 감안할 필요가 있다. 소환제도 간의 균형성을 유지할 필요성이 제기되는 것이다.

3) 개선안(법률제정 필요과제-국회의원 국민소환에 관한 법률)

(1) 국회의원의 국민소환에 관한 법률을 제정한다.

(2) 소환 발의 및 소환자의 제한: 지역구 국회의원의 경우는 해당 지역구의 유권자로 하고, 비례대표 국회의원의 경우에는 비례대표 국회의원을 선출한 권역별 유권자로 한정한다.

(3) 소환사유: 헌법과 국회법에 규정된 국회의원의 의무에 관한 규정의 위반으로 제한한다. 헌법 제46조에 따르면, "① 국회의원에게는 청렴의 의무가 있다. ② 국회의원은 국가이익을 우선하여 양심에 따라 직무를 수행한다. ③ 국회의원은 그 직위를 남용하여 국가, 공공단체 또는 기업체와의 계약이나 그 처분에 의하여 재산상의 권리, 이익 또는 직위를 취득하거나 타인을 위하여 그 취득을 알선할 수 없다". 또 국회법 제25조에 의하면, "의원은 의원으로서의 품위를 유지하여야 한다".

(4) 소환의 방식: 지역구 국회의원에게는 신중성과 안정성을 고려하여 3단계 방식(유권자의 일정 비율이 서명하는 발의 단계, 소환여부를

결정하는 투표의 실시, 소환결정의 경우 보궐선거의 실시), 비례대표 국회의원에게는 속도성과 편의성을 고려하여 2단계 방식(권역별로 일정수 이상의 발의자를 확보하는 경우 자동으로 당해 비례대표 국회의원의 자격을 상실케 하고 자동으로 비례대표 국회의원 명부상의 차순위자가 승계하도록 함)을 채택하도록 한다.

(5) 소환발의의 요건: 지역구 국회의원의 경우에는 당해지역구의 직전 총선 유권자 총수의 15%, 비례대표 국회의원의 경우에는 권역별 직전 총선 유권자 총수의 30%로 한다.

(6) 소환확정의 기준: 지역구 국회의원의 경우에는 당해지역구 직전 총선 유권자 총수의 50%(3단계), 비례대표 국회의원의 경우에는 권역별 직전 총선 유권자 총수의 30%(2단계)로 한다.

(7) 소환반대운동의 불허: 소환발의 서명에 대한 반대운동은 정쟁유발의 가능성이 높아 이를 불허한다.

(8) 인터넷 서명의 불용: 인터넷 서명에 따르는 문제점을 감안하여 직접 서명만을 인정하게 한다. 인터넷 서명의 경우 본인에 의한 직접 서명인지의 여부와 당해선거구 유권자라는 사실의 확인이 쉽지 않다는 점을 감안하여 보다 보수적으로 접근하고자 한 결과다.

(9) 소환횟수의 제한: 당해 국회의원의 임기 중 1회만 소환발의가 가능케 한다. 소환의 빈발로 인한 정치적 불안정 유발 요인을 줄이고자 한 결과다.

(10) 발의시기의 제한: 임기 개시 후 1년과 임기만료 전 6월의 기간 내에는 소환절차를 진행 할 수 없게 한다. 소환발의권의 남용을 막고 소환의 실효를 담보하기 위한 것이다.

(11) 연합발의의 제한: 여러 선거구가 연대해서 소환절차를 진행

할 수 없다. 소환이 자칫 정략적 도구로 전락하면서 정치적 안정을 해치게 되는 현상을 방지하고자 한 것이다.

⑿ 발의 서명의 유효기간 설정: 서명 수집기간을 20일로 제한한다. 소환이 일상화하면서 정치적 안정을 해치게 되는 일을 방지하고자 한 것이다.

⒀ 해명기회의 부여: 소환이 진행되는 국회의원에게 언론에의 접근, 안내책자 배포, 토론회 참석 등 해명기회를 보장하도록 한다.

⒁ 정당에 의한 소환운동의 금지: 소환남용의 가능성을 차단하기 위해 정당이 소환절차를 주도할 수 없도록 한다.

⒂ 소환된 의원의 공직취임 제한: 소환된 경우에는 소환결정 후 5년 동안 공직에 취임할 수 없도록 한다.

4) 기대 효과

입법 환경이 크게 바뀌면서 입법과정 및 국회의원의 대 국민 반응성, 조응성 정도를 크게 높이는 계기가 될 것이다. 생활 속의 정치가 확산되고 국민의 주권의식이 높아지면서 방관자의 정치 내지는 객석정치 시대를 마감하게 된다. 무엇보다도 국민의사에 반하는 대의기관의 횡포와 독단을 방지하는 최후의 장치로 작동하게 될 것이다. 실제로 소환의 발의가 이루어지지 않더라도 대의기구로서의 역할 일탈을 일삼는 국회의원들에게는 사전적 압력동원의 수단으로 작용하게 된다.

3. 전자국민창안제의 도입

1) 현황

입법과정의 왜곡과 지체로 인해 핵심정책과제의 심의를 외면하는 일이 심각한 수준에 이르렀다. 주요 갈등과제가 국회의 심의과정에서 외면된 결과 사실상 국민참정권의 왜곡이나 사회적 불안정 요인의 방치 현상이 일상화하고 있다. 반면에 일반 유권자들은 이미 과거 간접민주주의를 고안하던 시대의 국민이 아니다. 자존감, 자기주장성, 개별적 선호의 다양성 등에서 확연히 달라지고 있다. "을의 시대" 도래가 이를 증명한다.

이렇듯 자기 주창성이 강한 시민의 등장은 다른 한편 소수파 이해관계의 분절성 정도를 높이면서 시민사회 내부의 통합적 질서 창출을 어렵게 한다. 시민사회 내부의 합의 도출이 어려운 만큼 합의된 의견을 대표해야 하는 의회의 역할이 퇴행을 거듭하게 될 것도 당연한 일이다. 그런데 정보통신기술의 발달로 인해 정당이나 또는 다른 형태의 이익중개장치가 아니더라도 시민 스스로가 유사 정책선호집단을 포착하고 여론화하는 능력은 혁신적으로 개선되고 있다. 시민이 직접 참여하여 자신의 요구를 반영해야 하는 수요와 그 가능성도 함께 커져 있는 셈이다. 준직접민주주의 구현에 대한 요구가 비등하고 있다.

2) 논거

현행 제도하에서도 국민은 국회를 상대로 청원할 수 있고, 청원은 청원서의 제출로 하며, 국민은 누구나 국회에 진정할 수 있는 등 청원권이 인정되고 있다. 이는 과거 의회가 사법적 기능을 수행하던 시대의 유산에 해당된다. 그래서 그런지 국회의원의 소개가 전제되어야 진정과 청원을 접수할 수 있도록 되어 있다. 그만큼 소극적이고 간접적이며 피동적이다. 그런 만큼 오늘날의 적극적 시민상에 부합하기는 어렵다. 국민에게 정치과정의 주도권을 돌려주기 위한 것이라고 한다면 보다 더 능동적인 참여 장치를 필요로 하게 된다.

이렇듯 국민에게 법안 제출권을 부여하는 경우, 국회의원과 일반 유권자가 입법권을 놓고 경쟁하게 되어 대표성의 원리에 위배된다는 주장이 있을 수 있으나 이는 국회의원이 일반 유권자의 입법대리인이라는 점에서 볼 때 본질적으로 문제될 것이 없다. 유권자에게 법률창안권을 부여하는 것은 입법과정을 약화시키는 것이 아니라 오히려 강화시키는 결과를 가져오게 된다. 폴란드, 오스트리아 등과 미국, 동유럽, 스웨덴 등의 지방정부에서 운영하고 있어 선행적 사례도 있다.

국회의 입법권을 침해한다는 점에서 위헌소지가 있다는 주장도 있으나, 해당 상임위원회가 청원법률초안을 심사한 후 상임위원회의 명의로 이를 제안토록 하는 경우, 국회의원에게 입법권을 부여한 헌법과 충돌할 하등의 이유가 없다.

3) 개선안(법률개정 필요과제-국회법)

(1) 국회는 일정 수 이상의 유권자가 서면 또는 전자적 방법에 의해 창안, 청원하는 법률안에 대해서는 이를 의무적으로 심의하도록 한다.

(2) 이를 위해 현행 국회법상 청원은 반듯이 국회의원의 소개가 있어야 하도록 되어 있으나 이 경우에는 소개 없이 진행할 수 있도록 한다.

(3) 국회법상 청원에 "법률안 개정과 제정에 관한 사항"을 명시하고 일정요건을 갖춘 입법청원안이 제출되는 경우 이를 소관 상임위원회에 자동 회부하도록 한다.

(4) 창안청원자의 자격: 서면 또는 전자인증을 통해 본인임이 확인된 국회의원 유권자로 한다.

(5) 창안청원자의 규모: 30만 명 이상으로 한다. 이는 대부분의 선거구가 30만 명의 유권자를 기준으로 구성된다는 점을 감안한 결과다.

(6) 창안청원자의 모집기간: 6개월로 한다. 창안청원자 모집 자체를 정략적 수단으로 활용하는 것을 차단하고자 한 결과다.

(7) 창안대상과제의 범위: 국방, 안보, 외교, 통상 분야를 제외한 국정전반으로 한다. 국방, 외교, 통상 등의 분야는 생활정치 과제라기보다는 국가운영사무에 가까워서 개개인의 이해관계 조정보다는 국가 전체의 공익보장 차원에서 접근하는 것이 보다 더 유리하다고 판단한 결과다.

(8) 창안법률안작성에 대한 기술지원: 국회 사무처의 법제실로

부터 법제기술지원을 받을 수 있도록 한다.

(9) 청원법률안을 심의한 위원회는 심의결과를 청원인에게 통보하여야 한다.

4) 기대 효과

입법과정에 대한 국민의 직접적인 참여 기회가 확장되면서 국회의 입법 환경을 크게 바꾸고 국회에 대한 사회적 불신이 줄어들게 될 것이다. 입법권의 독점에 안주하던 국회의원으로 하여금 보다 더 국민의 소리에 귀 기울이도록 압박하는 효과도 생기게 된다. 국회 내외에 정책경쟁 분위기를 진작시키면서 선거과정에도 영향을 미쳐 정책선거로의 전환을 촉구하는 전기가 되기도 할 것이다. 무엇보다도 기성정당 간의 암묵적 합의를 통해 중요한 사회정책과제가 국가 의제 설정 과정에서 배제되는 현상을 시정할 수 있게 된다. 적어도 중요한 사회정책과제가 사회적 논의의 대상 범위 밖으로 방기되는 일은 없게 된다. 이로서 우리의 정치사회문화를 크게 바꾸는 기폭제 역할을 수행하게 될 것이다. 이는 결과적으로 국회의원에 대한 유권자의 실질적인 통제권을 강화하는 효과도 동반하게 된다.

4. 국회의원 개인 인터넷 TV 방송국 운영의 권유 및 지원

1) 현황

정치권의 기존 매체에 대한 의존성이 지나치게 높아 정언유착 또는 권언유착이라는 말이 낯설지 않다. 그런 가운데 언론이 상업주의와 결탁하면서 대의민주주의 감시자로서의 역할이 축소되고 있다. 이로 인해 유권자와 국회의원이 직접 소통할 수 있는 대안 통로의 모색에 대한 요구가 적지 않다. 이미 2012년의 총선과 대선을 거치면서 일반 시민 특히 젊은 세대에 대한 팟케스트의 위력이 적지 않음을 실감한 바 있다. 특히 와이브로와 DMB 등의 인터넷 기술과 핸드폰 기능이 발달하면서 "손 안의 인터넷 방송" 시대가 급속히 확산하고 있어 이에 대응할 필요성도 제기되어 있다.

이런 정보통신기술의 발전은 싸이의 폭풍같은 인기에서 볼 수 있듯이 지역이나 국가의 경계를 넘는 쌍방향 소통에 대한 수요를 증폭시키고 있다. 이점은 해외교포의 참정권 허용 이후 주목해 보아야 할 과제가 되었다. 특히 비례대표 국회의원의 경우에는 자신이 대표하는 기능집단이나 소수자 집단과의 접촉 가능성이 상대적으로 취약하고 또 부실하다는 문제에 당면해 왔다. 그 동안 기능집단과의 접촉과 소통의 통로가 사실상 마땅치 않았던 것이 사실이다.

2) 논거

개인 인터넷 TV 방송국은 설비 및 운영비용이 저렴하고 공동으로 송출할 경우 관리 비용도 절약할 수 있다. 유권자 특히 젊은 세대와의 의사소통과 교류에 대한 사회적인 요구가 높다는 점을 감안하고, 원내정당화에 따라 국회의원과 유권자 사이를 보다 더 긴밀히 연결해야 하는 수요가 커지고 있다는 점을 상기할 때, 이에 조응하기 위한 저비용 방안 가운데 하나다. 국회와 유권자 사이를 직접 연결시켜주는 효율적인 장치로 작동하면서 정치적 협치 체제를 구축하는 데에 유용하게 쓰일 것은 물론이다.

특정 집단이나 계층을 상대로 하는 정보의 공유와 소통이 가능해지면서 소수파 이익집단 내지는 계층을 상대로 하는 사회적인 재다중화(再多衆化, re-massifying) 효과를 불러올 수도 있게 된다.

3) 개선안(법률개정 필요과제–국회법 / 법률제정 필요과제–전자정보지원처법)

⑴ 국회의원이 원할 경우 개인 인터넷 TV 방송국을 열어 운영하게 하고 그에 따른 장비 및 기술을 지원하도록 한다.

⑵ 신설하는 국회 전자정보지원처가 이에 필요한 시설 및 기술을 지원하도록 한다.

4) 기대 효과

국회의원 개인의 대 유권자 네트워크 구축이 활성화되면서 국회의원 개개인의 정치적 독자성을 강화시켜 주는 효과가 나타나게 되고, 이는 국회의원의 소속 정당 지도부나 특정 정치 세력에 대한 의존성을 현저히 줄여 주게 될 것으로 기대된다. 현재의 팟케스트 영역이 주로 진보진영에 의해 압도되고 있다는 점을 감안하면 이 영역에서의 이념적 균형을 이루는 데 기여할 수도 있을 것이다. 팟케스트가 주로 정치적 카타르시스나 카니발적인 용도로 활용되어 왔고 그에 따른 문제점도 적지 않았던 만큼 이를 시정하여 보다 공적이고 공식적인 포럼의 용도로도 활용될 수 있음을 보여주는 대표 사례가 될 수 있을 것이다. 무엇보다도 정치권의 젊은 세대와의 소통에 크게 기여할 것이다. 정보유통의 협송성으로 인해 소수자, 여성, 직능단체 등 기능대표집단과의 소통을 진작하는 효과가 클 것이다.

5. 상임위원회별 전자국민패널의 운영

1) 현황

국회는 2003년 이후 꾸준히 전자국회 사업을 추진해 왔다. 현재는 입법과정에 대한 국민 참여를 독려한다는 의미에서 국회의정 참여포탈에서 "정보광장"과 "참여광장"을 통해 정책관련 정보를 요구하거나 제안, 토론할 수 있도록 하고 있다. 그러나 이는 정책 구상단계에서의 투입 장치일 뿐 정작 정책결정단계에서는 국민의사의 투입통로가 마련되어 있지 않다.

2) 논거

정보사회의 도래 이후 사회적 관계의 복잡성, 가변성이 가중되면서 정책 결정의 적실성을 높이기 위해서는 현장정보의 실시간 공유가 매우 중요한 과제로 제기되고 있다. 원내정당화가 내실을 기하려면 상임위원회 운영상의 독자성이나 정책수월성 내지는 대국민 연결통로의 확장이 전제되어야 한다. 국민이 주도하는 정치는 결국 정책결정과정에 대한 국민참여의 통로를 확대 개방하자는 것에 다름 아닌 일이기도 하다. 이는 적극적으로 준직접민주주의나 균형민주주의를 구현하고자 하는 수단 가운데 하나다.

3) 개선안(법률개정 필요과제-국회법)

(1) 상임위원회가 다루고자 하는 "법률초안"에 대한 사회 각계의 광범위한 여론 수렴 및 정보 수집을 위하여, 각 상임위원회별로 포털 사이트에 "전자국민 패널"을 설치하고 관련 정책이슈 중심으로 e-포럼을 개설, 운영하도록 한다.

(2) 이를 위해 위원회는 이슈별 e-포럼을 관리하는 운영사회자를 관련 과제전문가 가운데에서 지정하고, 지정된 사회자는 당해 e-포럼의 시작에서 종결까지를 책임지도록 한다.

(3) e-포럼은 해당 주제에 대한 배경설명, 관련 전문단체와의 링크, 관련 주제에 대한 자문단의 선정과 구성, 일반 국민의 참여, 의견 교환 및 토론, 위원회 소속 국회의원의 견해 제시, 필요할 경우 즉각적인 e-서베이의 실시, 포럼 결과 요약본의 위원회 제출 등으로 구성, 운영된다.

(4) 위원회는 필요하다고 판단하는 경우 요약본을 위원회에 보고하고 정부의 협력이 필요한 부분에 대해서는 정부에 협조를 요청할 수 있게 한다.

4) 기대 효과

집단지성의 투입을 통해 입법내용의 질적 수준을 높이고 국민 참여의 통로 확대를 통해 국가와 시민사회 내지는 국회와 유권자 간의 간극을 해소하는 데에 기여한다. 보다 직접적인 국민 참여 공간을 제공하게 됨으로서 입법과정에 대한 국민 참여의 동기부여, 흥미유발 등 지금까지와는 다른 입법환경을 조성하는 데 기여하게 된다. 국회에 대한 신뢰수준을 높이고 보다 개방적이고 수평적인 입법환경을 조성할 것도 물론이다. 입법직전에 국민의 의견과 지혜를 투입할 수 있게 된다는 점에서 국회가 산출하는 정책의 사회적 적실성이나 정교성이 높아지면서 사회적 타당성과 수용성이 높아지는 성과도 낳게 될 것이다.

6. 화상회의 시스템의 획기적 확대 운영

1) 현황

국회의원의 국회 출석율이 저조하다거나 회의 중 이석하는 일이 잦다는 점이 지적되면서 국회의원이나 국회에 대한 불신을 야기하는 주요요인 가운데 하나가 되고 있다. 정부가 세종특별자치시로 이전하면서 행정부 고위 공무원의 국회 출석에 따른 행정공백이나 교통 지체 등 국정운영상의 비효율 문제가 적지 않다. 이를 해소하기 위한 방안으로 세종특별자치시에 국회 분원을 설치해야 한다는 등의 제안이 있으나 이는 수도의 분할 이전이 추구하고자 하는 본래의 취지에 역행하는 일이다. 세종특별자치시의 설치는 이를 통해 지방분권을 촉진하자는 것이었던 만큼 분권적 업무수행양식을 유지하면서도 거기에서 발생하는 비효율을 극복하는 대안을 모색해야 한다. 그런 관점에서 볼 때 정부와 국회 사이에서 화상회의 시스템을 활용하는 것은 불가피한 선택으로 여겨진다. 현재는 화상회의 시스템을 도입하는 계획이 마련되어 있을 뿐이며 아직은 가동되지 않고 있는 실정이다.

2) 논거

원래 국회의원은 국회의사당에서의 정책심의와 지역구 유권자와의 접촉 및 서비스 제공 임무로 인해 구조적으로 시간적, 공간적 제약이 매우 큰 상태에 놓여 있다. 정책심의와 유권자 접촉은 그 가운데 어느 것 하나도 포기하거나 비중을 낮출 수 없는 국회의원의 자기 존재구속적인 책무에 해당되기 때문이다. 특히 국회 운영의 상시체제화가 진행되면서 이런 시간 부족 현상은 가중되고 있다. 여기에 더해 대중정당체제로부터 원내정당 쪽으로의 이동이 촉진되는 경우 유권자와의 접촉 수요는 보다 더 확대될 것으로 전망된다.

정보사회의 도래 이후 급변하는 사회관계에 조응하기 위해서도 국회의원과 유권자 사이에서 보다 더 신속하고 직접적인 접촉과 소통에 대한 수요가 폭증하고 있다. 이런 직접적인 접촉기회의 확대는 국정의 주도권을 국민에게 되돌려주는 데에도 기여하게 된다.

3) 개선안(법률개정 필요과제-국회법)

(1) 상임위원회 운영에도 화상회의 시스템을 도입하여 국회의원이 지역구에 있거나 이동 중일 때도 회의에 참여할 수 있도록 한다.

(2) 국회의원의 지역 사무실과 국회 내의 의원 개인 사무실 사이에서도 화상회의 시스템을 활용할 수 있도록 하고 원하는 경우이에 필요한 기자재는 국회가 마련하여 의원 개개인에게 임대해 주는 방식을 채택하도록 한다.

(3) 정부와의 관계에서도 활용도를 획기적으로 높여 고위 공무원

국회 출석으로 인한 행정공백을 최소화하도록 한다.

4) 기대 효과

국회의원의 회의장 이석으로 인한 대표성 왜곡이나 정책 충실도 저하를 극복하는 데 기여하게 된다. 화상회의 시스템의 일상화가 촉진되면서 대 행정부와의 관계에서도 이를 일상적으로 활용하는 기관 문화를 정착시킬 수 있게 될 것이다. 유권자의 정책과정에 대한 참여를 실질적으로 확대하는 효과를 낳게 된다. 특히 모바일 시스템과 연동하는 경우 유권자의 입법과정에 대한 참여를 직접화, 즉시화하는 효과를 기대해 볼 수도 있게 될 것이다.

7. 빅 데이터[17]를 활용한 스마트 상임위원회의 운영

1) 현황

현재의 국정운영과정을 보다 면밀히 관찰해 보면 정책의 입안, 심의, 결정에 있어 거기에 필요한 기초정보의 부족과 소통단절로 인해 최종적으로는 개인의 사적인 경험이나 결단 및 선택에 의존할 수밖에 없도록 되어 있다. 이로 인해 정책 타당성 결여 문제가 매우 심각한 과제로 제기되어 있다. 이는 국회 상임위원회의 운영과정에서도 다르지 않다.

사회구조의 복잡성, 유동성, 급변성 등이 심화되면서 복잡계의 시대가 도래하고 그 결과 정책 의제 선정과정의 즉시성, 적실성, 미래 조응성 강화에 대한 수요가 급증하고 있다. 정책과정의 이런 취약성을 극복하기 위한 노력의 하나로 빅 데이타의 공적 이용에 대한 논의가 범세계적으로 활발히 진행되고 있다. 행정부는 이에 대한 논의를 이미 진행하고 있으나 국회는 아직 이에 대한 논의의 이전 단계에 있다.

---

17) 빅 데이터란 대용량 데이터를 활용, 분석하여 가치 있는 정보를 추출하고, 생산된 지식을 바탕으로 보다 적극적, 능동적으로 사회변화에 대응하거나 변화를 예측하는 정보화 기술을 뜻한다.

2) 논거

　단순히 정보를 전달하던 웹1.0 시대에서 참여와 소통으로 집단지성을 창출하는 웹2.0 시대를 거쳐 이제는 데이터 분석을 통한 융합지식 창출의 웹3.0 시대에 접어들었다. 정부는 이미 빅 데이타를 활용한 스마트 정부 구현 작업을 시작했다. 행정부가 빅 데이터 시대를 열 경우 행정부의 분석·예측능력이 강화되면서 그렇지 않아도 취약하다고 평가되는 국회의 대 행정부 통제력이 급격히 쇠락하게 될 것이다. 국회가 행정부로부터 독립적인 정책정보 공급원을 가지고 있지 않을 경우 대 행정부 통제가 어려울 것은 자명한 이치다. 뿐만 아니라 입법관련 정책정보는 입법부의 관점과 필요를 반영하는 것이어야 한다는 점에서 행정부가 생산하는 정보와 입법부가 필요로 하는 정보는 서로 그의 성질을 달리 한다. 국회가 독자적으로 국회의 수요에 조응하는 정보생산에 나서야 하는 이유다.

　빅 데이터를 활용할 경우 정보사회의 도래 이후 심화되고 있는 사회관계의 복잡성, 가변성에 조응하여 어떤 현상의 미래 예측가능성을 상대적으로 높이게 된다. 복잡한 사회의 인과관계를 추적, 조사하는 데에도 유리할 것은 물론이다. 실시간으로 수집되는 방대한 정보를 토대로 보다 적실성 있고 현실적이며 선제적인 정책대응력을 높이게 된다. 바로 이점에서 국가가 시민사회로부터 유리되는 현상을 극복하는 데에 크게 기여하게 된다.

3) 개선안(법률개정 필요과제 / 법률제정 필요과제-전자정보지원처법)

(1) 신설하고자 하는 국회 전자정보지원처로 하여금 빅 데이터 분석에 필요한 지원 체제를 갖추도록 하고, 이를 통해 상임위원회나 국회의원이 의뢰하는 자료를 수집, 분석, 제공하도록 한다.

(2) 앞으로는 행정부을 포함하는 범정부적인 데이터의 연계, 분석 체계를 구축해야 하겠지만 우선 국회만이라도 자체 빅 데이터 지원체제를 갖추도록 한다.

(3) 소셜 미디어, 포털 데이터 등과 같이 민간이 보유하고 있는 데이터와 공공 데이터의 연계, 분석체제를 갖춘다.

(4) 범국가적인 빅 데이타 활용추진 기본계획을 수립하고 필요하다고 판단되는 관련 법령의 재개정을 추진한다.

4) 기대 효과

상임위원회 활동의 정책능력을 획기적으로 제고하여 국회에 대한 사회적 불신을 낮추는 계기가 될 것은 물론, 대립적 이해관계 조정에 필요한 여러 대안의 구상을 가능케 하는 기초정보의 생산과 공급이 가능하게 됨으로 인해 입법과정에서의 이견과 갈등을 조정, 통합하는 데에 크게 기여하게 된다.

예산의 절감 외에도, 대내외의 환경 변화에 대한 국가 정책의 신속하고 정교한 대처가 가능해지면서 국민의 삶의 질 향상과 함께 정책오류나 타당성 결여로 인한 국민 고충을 크게 줄일 수 있게 된다. 특히 물가관리, 사회복지, 식품안전, 농산물 관리, 공정거래,

유통 등과 같이 방대한 자료의 분석을 통해 보다 탄력적으로 대응해야 할 필요성이 큰 분야에서 융합지식을 기반으로 정책의 질적 수준을 높일 수 있게 될 것이다. 결국 행정부보다 앞서 시대변화에 따른 정책수요를 진단하고 변화를 선도할 수 있게 된다는 점에서는 개혁 국회의 이미지를 강력하게 심어 줄 수도 있을 것이다.

8. 국회의 정보 공개 및 공유 체계 강화

1) 현황

정부의 행정정보가 공유되지 않고 있어 국회의 입법활동에 많은 지장을 주고 있다. 국회의 입법관련 정보는 공개되고 있으나 아직 충분하지 않고 특히 국회 자체의 행정관리 정보는 공개 되지 않고 있어 적지 않은 오해를 사고 있다. 그 대표적인 사례가 의원 세비 삭감이나 연금 폐지에 대한 요구 등이다.

국회의 자체 정보 공개와 관련하여 국회 케이블 방송인 국회방송을 운영하고 있고 인터넷 의사중계시스템을 갖추어 놓고 있다. 그러나 모든 상임위원회를 실시간 인터넷 중계하지는 않고 있는 실정이다. 국회의 대 국민 정보 공유에 대한 의지가 아직은 충분치 않다는 평가다.

2) 논거

정치적 대리인의 권력주체화나 그로 인한 부패, 권력의 남용, 도덕적 해이 등은 관련 정보의 배타적 독점 내지는 비공개에서 비롯되는 경우가 대부분이다. 국민이 보다 더 적극적으로 정책과정에 참여하기 위해서도 관련 정보의 공개와 공유가 전제조건일 것은 당연한 이치다. 급변하는 사회관계를 감안해 보면 관련 정보의 실시간 공개는 필수적 과제에 해당된다. 국민의 알권리나 입법과정의 투명성 제고를 위해서도 관련정보는 보다 적극적으로 공개되어야 한다.

기관으로서의 국회와 국민 각자의 정치적 대리인으로서의 국회의원 사이에서 발생하는 간극과 격차를 해소하는 보다 적극적인 대안도 입법과정의 정보 공개와 공유에 있을 것은 물론이다. 정치적 대리인 체제가 동반하는 반민주적 요소를 극복하는 데 있어 정보의 공개와 공유만큼 유효적절한 방안도 찾기 쉽지 않다.

3) 개선안(법률개정 필요과제-국회법)

(1) 국회 자체의 입법 및 행정관련 정보를 모두 실시간 공개하도록 한다. 이때 입법관련 정보에는 국회의원의 출석기록, 개인별 발언내용 및 표결현황을 그리고 행정관련 정보에는 국회의 예산내용 및 지출현황을 포함하도록 한다. 국회의 전자문서 시스템을 일반에 공개하지 않을 이유가 없다.

(2) 대정부 서면질문 및 행정부 답변을 인터넷에 실시간 공개토록 한다.

(3) 국회 회의록의 디지털화와 즉각적인 접근 및 전자적 배포를 가능케 한다.

(4) 공식 SNS 계정의 지정과 운영기준을 수립토록 한다.

(5) 정부 행정정보시스템과의 접속 및 공유체제를 도입한다.

4) 기대 효과

행정정보나 국회의 자체 정보 공개를 거부하거나 지연하는 데에서 오는 갈등과 지체를 극복하게 된다. 무엇보다도 국회의 정책능력을 제고하고 대 행정부 통제 및 대 유권자 접근성을 획기적으로 확장하게 된다. 무엇보다도 중요한 것은 이런 정보의 공개와 공유가 정치과정에 대한 국민 참여의 가장 원초적인 선결조건에 해당한다는 점이다. 국정의 주도권을 국민에게 돌려주는 효과를 낳게된다는 의미다.

행정정보에 대한 요구에 따라 방대한 자료를 복사하는 일과 같이 입법과정의 비효율이나 불필요한 경비의 지출을 줄이게 되는효과도 있다. 국회에 대한 사회적인 신뢰를 높이는 기제가 되기도한다. 국정과정의 민주성, 통합성, 생산성, 신뢰성 제고에 기여하는 셈이다.

9. 국회 전자정보지원처의 신설

1) 현황

정보사회로의 변화에 조응하여 입법과정을 정보체계화해야 한다는 데에 이론을 제기할 사람은 없다. 그러나 현재는 이를 종합정보관리차원에서 접근한다는 시각 자체가 부족할 뿐만 아니라 담당부서도 소규모이고 분산되어 있다. 정당이 네트워크체제의 성격을 강화하고 원내정당화가 추진되는 경우 정당의 동원조직이 슬림화하는 것과 함께 국회의원의 유권자에 대한 직접적인 접촉면 확대에 대한 수요가 커지고 그에 따라 국회의원의 일상적 활동에 대한 전자정보적인 지원수요가 폭발적으로 증가하게 된다.

2) 논거

국민의 입법과정에 대한 직접참여를 통해 동반자 관계를 구축하기 위해서는 관련 정보의 실시간 공유, 접근성, 경제성, 편리성 등이 보장되어야 하고 이는 정보통신기기를 통한 전자정보의 지원 없이는 구현하기 어려운 과제다. 국회 내부 업무수행과정 상의 편리성, 경제성, 협동성을 강화하기 위해서도 정보통신기기의 지원을 통한 정보관리체제의 고도화는 필수적 과제다. 가장 최신의 정보통신기술을 도입하여 정치과정의 민주성과 경제성을 같이 높이기 위해서는 정보통신기술 분야의 동향을 항시 예의 주시하고 추적, 조사하여 이를 입법과정에 응용하는 체제를 고안하고 구축하는 전문기술인력의 확보가 필수적으로 요청된다.

3) 개선안(법률제정 필요과제-전자정보지원처법)

(1) 국회에 종합전자정보지원 전담기구로 전자정보지원처를 신설한다.

(2) 전자정보지원처는 국회 내부 업무처리과정상의 정보관리 고도화, 대 국민 정보공유와 상호작용, 행정부와 사법부같은 국회외부 기구와의 정보공유 및 협력 등을 지원하게 한다.

(3) 이를 위한 최신 정보관리 기술의 추적, 도입 및 개발 업무를 담당한다.

(4) 전자정보지원처에는 처장 1인과 필요한 공무원을 두고, 처장은 의장이 국회 운영위원회의 동의를 얻어 임면케 한다.

(5) 필요한 공무원은 기존의 국회 사무처 및 도서관 관련부서와 직원을 흡수하는 외에 데이터 베이스 전문가, 시스템 소프트웨어 및 네트워크 전문가, 컴퓨터 운영체계 담당자 등을 추가 충원하여 확보하도록 한다.

4) 기대 효과

국민의 입법과정에 대한 참여의 실질적인 공간을 확장함으로써 정치의 주도권을 국민에게 돌려주는 효과가 발생하게 된다. 그

과정의 과학성, 생산성을 높이는 데에 기여할 것도 물론이다. 정치정보의 체계적인 관리와 공개가 민주주의 4.0 시대의 핵심적 과제라는 인식을 사회전반으로 확산하는 전기가 되기도 할 것이다. 오프라인 정치시대로부터 온오프라인 융합정치 시대로 이동해 가야한다는 메시지를 전달하는 효과도 있다.

10. 국회 윤리특별위원회의 개혁

1) 현황

국회 윤리특별위원회가 제 식구 감싸기로 인해 제 기능을 다하지 못한다는 비판이 비등하는 가운데 여야 공히 외부인사로 위원회를 구성할 것을 공약한 상태에 있다. 국회의원 특권 내려놓기 과제 가운데 하나로 지목된다. 이는 국민의 윤리수준이 높아지면서 국회의원을 비롯한 국민의 대리인에 대한 도덕적 기대수준이 급격히 높아지고 있어 이에 대응해야 할 수요가 크다는 의미다.

2) 논거

국회의원의 윤리적, 도덕적 일탈 내지는 권력의 남용과 오용이 있을 경우 이를 사법적 재결에 맡기면 자칫 국회가 사법부의 영향력 하에 놓일 수 있게 된다. 국회의 외부에 의한 영향력이나 통제로부터 국회를 보호하면서도 국회의 윤리규범을 적극적으로 유지, 관리하는 체제가 필요한 이유다. 이런 취지하에서 위원회의 구성원 전원을 외부인사로 구성하자는 공약을 내놓은 것으로 이해되지만, 이는 최고고권을 지닌 국회의 기관창설권을 침해한다는 점에서 반대 의견을 불러올 수도 있다. 그러나 위원회 자체의 의결로 국회의원을 징계하는 것이 아니라 징계의 확정을 위해서는 위원회가 제안한 것을 본회의가 가결해야 한다는 점에서 의회의 자율성이나 자기형성권을 침해한다고 볼 수 없다.

보다 더 중요한 것은 위원회가 독립적, 객관적, 전문적, 적극적 기능을 수행하도록 만들기 위해서는 단순히 위원을 전원 국회 외부인사로 구성하는 것만으로는 충분치 않다는 점이다. 그 이상의 전면적인 개혁을 필요로 한다. 무엇보다도 운영의 주도권을 국민에게 돌려주는 작업이 필요하다. 윤리위원회는 원래 국회내부의 자율적인 자기 통제기구로 출범한 것이 사실이기는 하지만 자율적인 자기 정화 능력을 상실했다고 판단되는 상황에서는 국민에게 그에 대한 통제권을 돌려줄 필요가 생기게 된다. 이는 국민참정권의 실체화 과정에 해당되는 일이다.

윤리 업무를 단순히 도덕적, 규범적 가치판단의 과제로 보지 않고 나름대로 운영과정의 전문성과 과학성을 필요로 하는 작업이라는 관점에서 보면 일종의 협치(거버넌스) 체제 도입을 필요로 하는 일이기도 하다. 윤리문제를 다루는 과정의 민주성과 합리성을 소화해 내려면 윤리과제를 다루는 전문가의 식견과 국민의 여망 내지는 판단을 융합하는 제도적 장치의 고안이 요청된다는 의미다.

3) 개선안(법률개정 필요과제-국회법)

(1) 위원의 구성양식: 전원 국회 외부의 민간인으로 구성하되, 국회의장이 여야당의 지도부와 협의를 거쳐 임명하도록 한다.

(2) 관할업무의 범위 확장: 현재는 국회의원에 대한 자격심사, 징계 관련 과제를 다루도록 되어 있으나, 외국처럼 면책특권관리

위원회, 겸직관리위원회, 이해충돌관리위원회, 백지신탁관리위원회 등을 별도로 두고 있지 않다는 점을 감안하여 이들 과제를 포괄하는 종합관리기구로 재편하도록 한다.

(3) 심사대상 범위의 제한: 국회의원의 퇴임직전 회차 것까지만 심사 대상으로 삼고, 선거 개시전 6개월 이후의 것은 심사대상에서 제외하여 위원회가 정략적 투쟁에 휘말리거나 실효가 없는 과제를 다루는 것을 피하게 하고, 재판에 영향을 미칠 가능성이 있는 과제에 대해서도 이를 심사대상 범위에서 제외토록 하여 사법권을 존중하도록 한다.

(4) 징계대상 과제의 확대: 면책특권의 제한과 관련하여 국회의원에 의한 명예훼손 문제를 추가 관장토록 한다.

(5) 심사 요구권의 개방: 현재는 국회의원만이 위원회에 심사개시를 요구할 수 있으나, 이럴 경우 "국회의원 제 식구 감싸기"로 인해 심사 자체가 진행되지 않는 일이 빈발하고 있다. 이를 시정하기 위해 일반 국민이 직접 심사를 요청할 수 있게 하되, 심사요구권의 남발로 인한 정치사회적 혼란 가능성을 감안하여, 1차 국회의원의 소개로 심사를 요청하도록 하고, 소개를 요청한 국회의원이 소개하기를 거절하는 경우 이를 근거로 직접 심사를 요청할 수 있게 한다.

(6) 윤리감사관 제도의 도입: 위원회 운영 지원, 윤리규범의 운영과 관리, 일반 시민의 심사요구 수령 및 감찰 업무를 담당하는 상근 윤리감찰 전문가를 임기 4년으로 두게 한다. 윤리감사관은 국회의 3분의 2이상에 의한 의결 없이는 임기 중 해임할 수 없게 하고, 업무수행과 관련하여 조사가 완료되기 전까지는 비공개로 진행하되 조사가 완료된 후에는 이를 공개하도록 하며, 최소 2년

전까지 국회의원이거나 국회 종사자가 아니었던 자 가운데에서 여야지도부의 협의를 거쳐 국회의장이 임명하도록 함으로써 정치적 중립성과 탈정파성을 유지하게 한다.

(7) 심사절차의 다단계화: 1단계(심사대상이 되는 행정적 요건을 구비했는지의 여부를 확인하는 예비조사 및 행정적 판단), 2단계(사실관계의 확인과 실체적 진실의 규명, 위법부당한 일이 있었는지의 여부 판단), 3단계(위원회에서의 심사 결과 확정), 4단계(본회의에서의 최종 의결)로 구분하여 각 단계별로 심도 깊은 심의가 이루어지도록 한다.

(8) 운영공개의 원칙 도입: 3단계부터는 회의를 공개토록 하여 투명성과 공정성을 담보케 한다. 다만 프라이버시의 보호가 필요하다고 판단되는 경우에는 위원회의 의결로 그러하지 않을 수 있게 한다.

(9) 처리시한의 지정: 모든 안건은 접수 후 6개월 이내에 종결하도록 하는 것을 원칙으로 한다.

(10) 징계 종류의 세분화: 주의 촉구, 180일 이내의 출석 금지 등을 추가하여 보다 적실성, 수용성, 타당성 있는 징계가 가능케 한다.

4) 기대 효과

국회에 대한 사회적 신뢰를 회복하고 국회 운영이 보다 합리화 하는 변화의 토대로 작용하게 될 것이다. 국민 참여의 공간이 확대된다는 점에서는 국민에 의한 정치과정의 주도권 회복을 위한 또 다른 통로가 되기도 한다. 국회의원의 도덕적, 윤리적 일탈을 실질적으로 통제하는 장치가 내실화 한다는 점에서는 국회의원에 대한 유권자의 통제권 강화에 기여하고 나아가 정치과정의 정상화를 촉진하게 될 것이다.

11. 국회예산 표준심사위원회의 신설

1) 현황

국회가 자체 운영에 필요한 예산을 행정부와의 협의 하에 책정한다고는 하나 결과적으로 국회가 최종결정권을 갖고 있어 스스로 책정하고 있으며, 이로 인한 비효율성과 부도덕성에 대한 문제제기가 적지 않다. 이와 관련하여 세비심사위원회 설치 및 세비 30% 삭감 등을 과거의 민주당이 공약한 바도 있다. 헌정회 연로회원 지원제도에 대해서도 부정적인 세론이 적지 않았고 이를 개선한다고 2013년 대한민국헌정회 육성법 일부를 개정했으나 그 결과에 만족하는 국민은 많지 않다. 세비의 삭감이나 "연금제도" 수정과정에서 도무지 객관적 근거자료를 찾아 볼 수 없기 때문이다.

2) 논거

비록 국회가 최고 헌법기관으로서 자기 창설권을 지녔다고는 하나 스스로의 이해관계가 직결되는 이해충돌 사안에 대해서는 이를 보다 객관화, 과학화하여 정치적 승인의 근거를 명백하게 할 필요가 있다. 행정부에는 정부업무평가의 실시와 평가기반의 구축 등을 위해 정부업무평가위원회(정부업무평가기본법) 등을 두어 업무수행의 객관적 합리성 확보를 위해 노력하고 있다는 점을 벤치마킹할 필요도 있다. 의회제도의 고안 자체가 국민에 대한 징세권을 견제하기 위한 데에서부터 출발했다는 점을 상기해 보면 국고에 대한 국민의 통제를 강화하는 것은 의회제도의 본질에 속하는 과제이고 그런 점에서 국회예산의 투명성과 객관성 확보는 의회정상화의 필수적 과제 가운데 하나다.

이를 위해 전문가 중심의 자문위원회를 두는 것은 위원회 자체가 최종 결정권을 갖는 것이 아니라는 점에서 국회의 자기 창설권을 침해한다고 볼 수 없다. 오히려 국민과의 관계에서 관련 정보를 공개하고 공유하게 된다는 점에서는 또 다른 형태의 협치 체제의 도입을 뜻하며 국민의 직접인 참여 통로를 추가하는 것으로 이해된다.

3) 개선안(법률개정 필요과제-국회법)

(1) 10명 내외의 민간인 전문가로 구성하는 국회의장 산하의 비상설 자문위원회를 두어 국회 자체예산의 책정, 집행, 감사 업무를 평가, 심사하게 한다.

(2) 국회의원의 봉급, 지원인력, 연금, 해외출장, 활동비 지급 등의 적정규모 산출근거를 개발하고 제시하는 업무를 담당하게 한다.

(3) 국회의원 활동 지원 경비 지출의 합법성 여부를 확인하게 한다.

(4) 기타 국회의 예산, 지출, 회계 등에 관한 표준 근거 산출 및 집행결과 심사업무를 담당케 한다.

(5) 국민이 요청할 경우, 국회의 재정운영 전반에 대해 감사하게 한다.

4) 기대 효과

국회가 방만하게 예산을 수립하고 부당하게 회계를 지출한다는 등 국회의 자체예산 운영에 대한 사회적 의구심을 제거하고, 국회 관련 예산 수립과 지출의 과학화, 객관화를 실현하는 데 기여하게 된다. 국회의 자기결정권 행사과정에 대한 공개성, 투명성 제고로 인해 국회에 대한 유권자의 신뢰를 높이게 될 것이다.

12. 겸직 금지 제도의 강화[18]

1) 현황

겸직으로 인해 사실상 정책 이해관계자에 의한 국회의원 포획 현상이 만연하고 있다는 우려가 작지 않다. 그로 인한 부패, 도덕적 해이, 공직기강 문란 등에 대한 사회적인 의구심도 높다. 이를 감안하여 그 동안 국회가 국회의원 겸직 금지대상을 광범위하게 확대해 온 것은 사실이다. 새 법에 따르면 보수 수령 여부에 관계없이 원칙적으로 겸직을 금하도록 했다. 변호사, 회계사, 교수 등 전문직은 휴직하거나 사직해야 하고, 기업의 경영자는 자리에서 물러나야 한다. 많은 변화를 가져온 것이 사실이지만 여전히 국회의원의 겸직에 따르는 문제를 해결하기에는 부족한 점이 적지 않다.

2) 논거

공직을 이용한 부패가 직접적, 구체적으로 발생하지 않더라도 그럴 개연성이 있는 환경 자체를 개선하자는 것이 최근의 반부패 정책 동향이다. 그런데 겸직은 그것 자체로서 국회의원의 직무수

---

18) 정치쇄신특별위원회의 보고서 제출 이후 2013년 관련 법규의 개정이 있었으나 여전히 부족한 점이 적지 않아 여기에서는 추가 개선해야 할 점을 중심으로 정리했다.

행과정에서 이해충돌을 가져올 개연성을 높인다. 특히 행정부 고위직과의 겸직은 문제가 적지 않다. 우선 겸직을 금지한 공무원 직무규범에 반한다. 공무원은 누구나 하나의 직무를 수행하는 것을 원칙으로 한다. 이는 국고에 의해 지원되는 만큼 자기 직무에 전념하라는 주문으로 여겨진다.

국회의원이 행정부 고위직을 겸직하는 경우에는 국회의 대표성 원리에 반한다. 예를 들어 장관을 겸직하는 국회의원의 경우 그가 장관으로 활동하는 동안에는 당해 지역구 유권자는 국회에서 효율적으로, 다른 지역의 경우와 견주어 차등 없이 대표된다고 할 수 없다. 그만큼 대의과정에서 소외되는 것이다. 행정부와 국회사이의 견제와 균형을 지향하는 정부구성의 원리에 반하는 것도 물론이다. 대통령이 국회의원 겸직 장관을 통해 대 국회 로비나 지배력을 확장하는 결과를 가져올 것이라는 점은 명약관화한 일이다.

따라서 국무위원 등 고위직과의 겸직은 있을 수 없다. 항용 우리의 헌법이 내각제의 그것을 수용하고 있어 내각제에서와 같이 국무위원이 국회위원을 겸하는 것에 문제될 것은 없다는 주장도 있으나, 내각제 하에서의 국무위원은 내각동일체의 원리에 따라 국회에 책임을 지는 데 반해 대통령제 하에서의 국무위원은 내각의 일원으로서가 아니라 대통령의 참모로서 대통령에게 책임을 진다는 점에서 서로 다르다.

3) 개선안(법률개정 필요과제-국회법)

(1) 겸직신고 내용의 확대: 겸직기관의 명칭, 임무 외에도 보수

액, 실제 수행하는 업무내용, 서비스나 자문대상자 명단 등 구체적인 내용을 신고토록 한다.

(2) 겸직신고 태만의 징계: 겸직신고 태만에 대한 징계 규정이 아직은 없어 강제력이 미흡함으로 이를 규정토록 한다.

(5) 겸직회피 객체의 확대: 국무위원 등 행정부 고위직과의 겸직을 금지한다.

(6) 상임위원회에서의 표결권 제척: 영리 이외의 겸직의 경우 내지는 겸직 이외의 사유로 인해 이해 충돌이 발생할 때에는 해당 과제의 상임위원회 활동 가운데 발언은 할 수 있지만 표결권은 행사할 수 없도록 한다.

(7) 소위원회에서의 표결권 제척: 영리 이외의 겸직의 경우 내지는 겸직 이외의 사유로 인해 이해 충돌이 발생할 때에는 해당 과제의 소위원회 활동 가운데 발언은 할 수 있지만 표결권은 행사할 수 없도록 한다.

4) 기대 효과

겸직 금지의 실효를 담보하는 주변장치들이 강화되면서 국회의원이 직무에 전념하게 되고 부패 내지는 부패개연성이 줄면서 국회에 대한 사회의 신뢰 회복에 기여하게 된다. 특히 행정부 고위직과의 겸직 해소는 권력의 집중을 막고 국회의 대 행정부 독립성과 자율성을 신장하는 데 기여한다. 이는 대통령이 겸직 장관의 임명을 통해 국회를 간접 통제하려고 한다는 의구심을 제거하는 데에도 기여하게 될 것이다.

13. 불체포 특권의 제한

1) 현황

각종 범죄에 연루된 국회의원이 불체포 특권을 이용해 신변보호를 도모한다는 평가가 이어지면서 국회의원의 불체포 특권을 폐지해야 한다는 여론이 비등하다. 이와 관련하여 여야는 국회의원 특권 내려놓기 차원에서 이의 폐지를 공약한 바 있다.

2) 논거

불체포 특권은 국회의원의 원활한 직무 수행을 위해 보장되는 것이 원칙이다. 다만 이의 악용을 막기 위해 부분적으로 제한할 필요가 있다. 국회의원의 불체포 특권은 원래 그것을 통하여 국회의원의 자유로운 의정활동을 보장하고 나아가 국리민복 증진에 기여하자는 것이다. 그런데 바로 이 불체포 특권 때문에 국민의 재산과 신변이 위협받거나 국가의 보편적 이익이 침해된다면 본말이 전도되는 현상이 아닐 수 없다. 이런 모순을 제거하는 범위 내에서 국회의원의 불체포 특권을 제한하는 것은 당연한 일이다.

그러나 그렇다고 하여서 사법부가 국회에 간여하여 국회의 자율성이나 3권 분립의 정신이 훼손되어서는 안 될 것이다. 반면에 국회를 과잉보호해서 법 앞의 평등이나 특권계급의 형성을 금하는 헌법정신을 외면해서도 안 된다. 따라서 명백한 형사법상의 위법 부당한 행위를 무작정 보호할 수는 없다. 바로 이점에서 미국, 영국, 캐나다 등은 이미 형사범죄에 대한 국회의원의 불체포 특권 은 이를 배제하고 있다.

그러나 우리의 경우 아직 이의 완전한 배제를 주장할 만큼 국회 의 정치적 자율성과 독립성이 확보되어 있느냐에 대해서는 이론의 여지가 있을 수 있다. 따라서 현 단계에서는 점진적, 순차적으로 접근하는 것이 순리다. 그런 점에서 선거법위반자와 부정비리 연 루자에 대한 특권배제는 제도화 할 가치가 있다. 선거법 위반은 국회의원이 되기 이전 단계의 문제인 만큼 이를 국회의원 불체포 특권으로 보호해야 할 이유가 없고, 부패나 비리는 국회의 공정하 고 객관적인 운영을 처음부터 부정하는 것인 만큼 이를 보호해야 할 가치가 없다. 다만 중장기적으로는 국내 정치상황의 변화를 주시하면서 형사상의 문제에 대해서는 이를 일체 인정하지 않고 민사상의 경우에만 인정하는 쪽으로 제도개혁을 추진해 나가야 할 것이다.

3) 개선안(법률개정 필요과제-국회법)

(1) 부패비리나 선거법 위반의 경우, 불체포 특권을 제한한다.

(2) 의원체포 동의안 표결 시에는 인사문제임에도 불구하고 공개 투표토록 한다.

(3) 의원석방 요구안 표결 시에는 인사문제임에도 불구하고 공개 투표토록 한다.

4) 기대 효과

국회의원의 자유로운 활동을 보장하면서도 불필요한 보호 장치를 제거함으로써 불체포 특권 도입의 본래 취지를 살리고 정치과정에 대한 사회적 신뢰를 회복하는 데 기여한다. 관련 사안에 대한 표결의 투명성, 공개성 확보를 통해 책임 있는 표결을 유도하게 된다. 부패나 권력남용의 개연성 자체를 회피하도록 한다는 점에서 이해충돌에 대한 보다 적극적인 대응 조치로 평가되어 마땅할 것이다.

14. 면책 특권의 제한

1) 현황

면책특권을 악용하여 고의로 거짓말을 하거나 타인의 명예를 훼손하는 등 무책임한 발언이 빈발하면서 면책특권 폐지 여론이 비등해 있다. 이런 근거 없는 발언의 남발이 정치를 갈등과 대치의 소용돌이로 몰아넣는 한 요인으로 작용하고 있음도 주지하는 바와 같다. 이를 감안하여 여야는 수차례에 걸쳐 면책특권의 폐지를 공약한 바 있다. 그러나 아직도 아무런 제한조치가 취해지지 않고 있다.

2) 논거

국회의원의 면책특권이 헌법 제45조에 보장되어 있으나 이를 무제한 보장하는 경우, 오히려 특권의 취지인 유권자 개개인의 권리 및 재산의 보호가 위협받을 수도 있다. 면책특권을 악용해 금전적 이익을 취득하고자 하는 부패나 타인의 명예를 훼손하는 일 등은 국회가 면책특권을 통해 보호하고자 하는 개인의 재산과 권리를 침해하는 것이 됨으로 이를 보호할 이유가 없다. 그렇다고 해서 면책특권 자체를 폐지하는 것은 자칫 국회의원의 자유로운 활동을 제약할 위험이 있다.

따라서 제한적인 조치가 필요하게 되는 데 이를 사법부와 같은 국회외부 기관에 의뢰하는 경우에는 국회의 자율권을 침해할 수 있음으로 국회내부의 자체 통제장치에 따르도록 해야 한다. 관련 자에 대한 조치는 징계와 배상으로 구분해 볼 수 있는 데, 징계는 국회 윤리위원회가 다루도록 하고, 배상에 대해서는 기관으로서 의 국회가 대신 대응하도록 하고 배상이 필요할 경우 먼저 배상한 후 차후에 국회가 자체 규율을 통해 당해 국회의원에게 구상하여 변제케 할 수 있을 것이다. 국회의원에 대해 직접적으로 민사상의 배상을 압박하는 것도 국회의원의 자유로운 활동에 장애요인으로 작용할 수 있다고 본 것이다.

3) 개선안(법률개정 필요과제-국회법)

(1) 면책특권의 제한 여부와 관련한 구체적인 사안은 이를 윤리 특별위원회에서 심사하여 결정하도록 한다.

(2) 명예훼손 및 금전적 이득의 유도 등과 같이 부패의 의도를 가지고 행해지는 발언에 대해서는 면책특권을 제한하도록 한다.

(3) 이에 따라 윤리특별위원회는 명예훼손 및 금진적 이득의 유 도 등과 같이 부패의 의도를 가지고 행해지는 발언 등과 관련한 의원의 면책특권 범위와 한계 등에 관해 국회의 자율적 기준을 설정하고, 의원의 발언과 표결이 그 자율적 기준을 위반하였는지 의 여부를 심사하도록 한다.

(4) 국회의원이 윤리특별위원회가 정한 면책특권의 범위와 한계 등에 관한 자율적 기준을 위반한 경우에는 징계할 수 있도록 한다.

(5) 국회의원의 발언으로 인한 명예훼손에 대해서는 국회가 배상하도록 하고 이를 차후 당해 국회의원에게 국회가 구상을 요구할 수 있도록 한다.

4) 기대 효과

보다 신중한 발언을 유도하면서도 국회의원의 자유로운 발언을 침해하는 일은 피하게 될 것으로 기대한다. 국회의원의 왜곡된 발언이 줄면서 정치과정에 대한 사회적 불신이나 정파 간의 불필요한 갈등을 줄이게 된다. 국회의 도덕적 권위를 높이는 데에도 기여하게 될 것이다.

15. 국회의원 "무노동 무임금" 원칙의 적용

1) 현황

현행법상 국회의원이 구속 및 공소제기 되어 정상적인 의원활동이 어렵더라도 의정활동비 지급을 비롯한 국회의원의 신분에는 아무런 변동이 없다. 국회의원 선거 후 원 구성과 관련하여 개원이 지원되면서 사실상 국회 기능이 정지 상태에 있더라도 국회의원에 대한 수당 등의 지급은 계속되고 있다. 사실상 국회의원으로 활동하지 않더라도 국회의원의 세비 등 지원이 계속되고 있는 셈이다.

2) 논거

국회의원에 대한 수당 등은 국회의원이 정상적인 의정활동을 수행한다는 것을 전제로 지급되는 것이다. 국민을 대표하는 고위 공직자인 국회의원에게 요구되는 윤리성을 감안하고 국민의 국회의원에 대한 역할 기대를 고려할 때 국회의원 스스로가 공직기강을 훼손하는 일은 없어야 한다. 구속 및 공소제기와 관련하여 무죄추정의 원칙에 반한다는 주장이 있을 수 있으나, 공소제기 후 구금 상태에 있는 동안만 적용한다는 점에서 그 불이익이 비례의 원칙을 존중한 것으로서 필요최소한도에 그치기 때문에 결론적으로 무죄추정의 원칙에 저촉된다고 볼 수 없다. 원 구성의 지연과 관련하여 원 구성을 압박할 현실적인 장치의 고안이 마땅치 않고, 원이 구성되지 않은 때에는 아직 기관으로서의 국회가 형성되기 전이라고 판단할 수도 있다는 점을 감안해야 한다.

3) 개선안(법률개정 필요과제−국회의원수당 등에 관한 법률)

(1) 국회의원에 대한 공소제기 후 구금상태에 있는 동안은 수당 등의 지급을 전면 중단하도록 한다. 다만 보좌관 등은 그대로 두며, 무죄판결시에는 소급하여 지급할 수 있게 한다.

(2) 국회의원 선거 후 최초의 원 구성이 여의치 않아 국회 개원이 지연되는 경우 개원 시까지 국회의원에 대한 수당 등의 지급을 정지한다.

4) 기대 효과

국회의원이 스스로의 처신에 대해 보다 더 신중을 기하게 되고, 국회와 국회의원에 대한 국민의 신뢰를 회복하는 분위기를 조성할 수 있게 된다. 원 구성을 압박하는 현실적인 수단으로 작용하는 것은 물론 대 국민과의 관계에서 보다 더 도덕적인 입장을 견지할 수 있게 될 것이다.

16. 국회 법제사법위원회의 개선

1) 현황

법제사법위원회가 체계·자구의 관점에서 법안을 다룬다고 하지만 결과적으로 정책내용에 관여하는 결과를 초래하게 되어 있다 (소관 상임위가 아닌 곳에서 개정이나 수정을 권고하는 구조). 이로 인해 법제사법위원회가 상원과 같이 다른 상임위원회에 비해 우월적 지위를 누리는 결과가 발생하고 있다. 동일 사안을 두 번 다루는 데에서 오는 법안 처리과정의 병목 및 지체현상이 발생하고 있으며, 반대당의 법안심사과정에 대한 정략적 통제 장치로 전락하고 있다는 비판이 제기되어 있다.

2) 논거

상임위원회는 동등 대표성의 원리에 따라 관할 범위가 분할되고 또 구성되어야 한다. 어느 위원회도 다른 위원회를 압도하거나 우월적 지위를 가져서는 안 된다는 의미다. 과거와는 달리 각 상임위원회의 법안에 대한 법제기술능력이 신장되어 있어 별도의 법제기술상의 심사가 필요 없을 정도가 되었다는 점도 감안해야 한다. 법제사법위원회가 법제기술상의 심사권을 갖게 된 것은 과거 국회 내부에 법제기술이 잘 축적되어 있지도 않고 또 이를 지원하는 기술 인력도 부족하던 시절의 유산이라는 뜻이다. 외국에는 우리와 같은 제도를 채택하고 있는 나라가 없다.

3) 개선안(법률개정 필요과제-국회법)

(1) 법제사법위원회를 법원, 법무부, 감사원 등을 소관 부처로 하는 일반 상임위원회로 전환하여 사법위원회로 개칭한다.

(2) 법률안의 체계·자구 등에 대해서는 각 상임위원회가 법률안을 의결한 후 본회의에 상정하기 전 법제실의 검토의견을 받아본 후 본회의에 상정하도록 하여 법제상의 결함을 방지하도록 한다.

4) 기대 효과

입법과정의 불필요한 지체나 병목현상을 시정하여 법안의 심사가 원활하게 하고, 정책대안 결정과정에서 소관 상임위원회의 관할 범위를 넘어서 이루어지는 외부 간섭을 시정할 수 있게 된다. 이로 인해 법제사법위원회를 사실상의 원내 활동 사보타주 내지는 거부권 행사 수단으로 악용하는 사례를 추방하고 안건심의과정을 정상화 하게 된다. 특히 이 과정에서 불필요하게 법제사법위원회를 중심으로 권력이 집중되었던 현상을 시정하고 보다 분권적인 구조를 갖춤으로서 국회 내부 입법과정의 민주화에 기여하게 된다.

17. 국회 인사청문위원회의 개선

1) 현황

현재는 대법원장, 헌법재판소장, 국무총리, 감사원장, 국무위원 등에 대해서만 인사청문을 실시하고 있다. 그런데 이를 인사청문특별위원회와 소관 상임위원회로 이원화해서 실시하고 있다. 인사청문의 핵심주제라고 할 수 있는 정책청문보다는 개인 비리차원의 청문이 주류를 이루고 있어 운영 및 제도 개선에 대한 요구가 비등해 있다. 여야 공히 제도 개선을 공약한 바 있다.

2) 논거

인사청문은 국회의 대 행정부 인적 통제권의 하나로 청문 대상자가 해당 직무를 수행하기에 합당한 능력과 품성을 갖추고 있는지의 여부와 임용 후의 정책방향을 확인하자는 것이다. 따라서 인사청문이 충실히 이루어지도록 필요한 자료와 정보를 제공해야 하며 특히 정책방향의 점검에 강조점을 두도록 유도해야 할 필요성이 크다. 인성 내지는 도덕적 자질에 대한 검증을 실시하는 것은 그것 자체가 목적이 아니라 필요한 정책을 민주적, 합리적으로 입안하고 집행할 수 있는 품성적 자질을 갖추고 있느냐를 확인하기 위한 수단으로 추진된다는 인식이 필요하다.

3) 개선안(법률개정 필요과제-국회법 / 인사청문회법)

(1) 인사청문제도의 일원화를 위해 모두 소관 상임위 중심으로 운영되도록 한다. 이는 정략적인 차원에서 청문공격수를 배정하여 청문이 왜곡되는 것을 막고 관할 상임위원이 청문을 담당함으로서 정책청문 중심으로 운영되도록 유도하기 위한 것이다.

(2) 공직후보자 허위 진술 처벌: 공직후보자의 허위진술시(서면답변 포함) 위원회의 의결로 고발 가능하게 하고 벌칙 조항을 신설한다. 그 외에도 증언·감정법을 개정해서 증인 등의 불출석, 허위진술(현행 규정: 1년 이상 10년 이하 징역) 등 관련 죄의 형량을 강화하도록 한다(법률개정 필요과제-국회에서의 증언·감정 등에 관한 법률).

(3) 자료제출 요구권 강화, 실효성 제고: 위원회는 증인 등에 대한 출석요구서 송달을 위하여 필요한 경우 국가기관 등에 대하여 증인 등에 대한 주소 등의 정보를 요구할 수 있도록 하고(행정기관의 개인정보보호 이유로 주소 등 정보제공 거부 방지), 거짓으로 보고하거나 거짓으로 서류제출을 한 자에 대한 벌칙 규정을 신설한다.

(4) 최소 정책청문기간 지정: 인사청문회의 기간을 4일 이내로 하되, 이 중 1/2 기간은 반드시 정책관련 청문만을 하도록 한다.

(5) 인사청문 대상 공직 범위 확대: 국회의 인사청문 대상 공직후보자에 원자력안전위원회 위원장(장관급), 국무조정실장, 국민권익위원회 위원장, 정부조직법에 따른 처 및 청의 장(기관장급)을 추가한다.

4) 기대 효과

인사청문이 신상 캐기 내지는 지나친 개인비리 중심으로 흐르는 것을 방지하고 정책중심의 업무수행 능력, 정책자질, 정책방향의 타당성 등을 검증할 수 있게 된다. 인사청문의 질적 수준을 높여 인사청문이 지향하는 본래 목적 달성에 기여할 수 있게 한다.

18. 국회 지방분권특별위원회의 신설[19]

1) 현황

지방분권이 시대적 요구라는 데에 이의를 제기할 사람은 없다. 특히 국정운영의 패러다임을 국가중심주의에서 생활정치 중심으로 이동하는 과정에서 지방분권이 갖는 의의는 매우 크다. 그럼에도 불구하고 그 동안 정부가 보여준 노력은 매우 지지부진한 실정이다. 최근 정부는 지방분권추진 기구를 강화하면서 지방분권을 가속화할 의지를 표명하고 있어 귀추가 주목된다.

2) 논거

지방분권은 국민이 정치의 주인이 되는 시대를 여는 데 있어 필수불가결적인 과제다. 그러나 지방분권이 실제로 구현되기 위해서는 우선 법률과 제도를 고치는 것이 필수적 과제임으로 국회의 협조와 주동성 없이 추진하기는 어렵다. 그 가운데에서도 중앙정부 권한의 지방이양은 정부의 여러 분야에 걸쳐 일어나는 일이기 때문에 현재의 시스템대로라면 거의 모든 상임위원회를 거쳐야 추진 가능하도록 되어 있다. 국회의 준비태세 마련이 중요하다는 의미다. 보다 중요한 것은 지방분권이라는 과제 자체를 사회적 논의의 핵심의제로 설정하도록 해야 한다는

19) 국회는 2014년 지방자치발전특별위원회를 설치했다.

점이다. 국정운영과정의 전반적인 분권과 분산을 위해서도 국회가 분권수요를 체계적으로 진단하고 대안을 개발하는 일이 중요하다. 이점은 특히 정보사회의 도래 이후 국정운영 체제의 재디자인에 대한 수요가 커지면서 지방분권에 대한 요구가 핵심적 과제로 제기되어 있다는 사실에 기인하는 바 크다. 이들을 감안하면 국회 내에 지방분권을 전담하는 부서 없이는 이런 일들을 추진하기가 어렵다.

3) 개선안(법률개정 필요과제-국회법)

(1) 국가균형발전과 지방분권을 위한 국회 내의 대책 기구로 지방분권특별위원회를 설치한다.
(2) 지방분권특별위원회는 특별법 제정 권한을 갖도록 한다.
(3) 지방분권특별위원회는 위원장 1인을 포함한 (15)인의 위원으로 구성한다.

4) 기대 효과

지방이양 업무를 견인하는 정치권의 추진체가 생기면서 이양작업에 속도를 내게 된다. 지방이양 작업은 사실상 중앙정부의 권한을 지방정부로 할양하자는 것임으로 중앙정부 외부에 강력한 조정, 통제 기구가 없이는 실효를 달성하기가 어렵다는 점에서 볼 때, 이양작업을 적극화 하는 데에 기여하게 된다. 지방분권이라는 주제에 대한 사회적 관심을 촉진하면서 상부구조 중심의 권력구조를 하향 분산하는 과제를 주도하는 기구로 작동하게 될 것이다.

19. 국회 본회의장 의석 배치제도의 개선

1) 현황

현재의 국회 본회의장은 단상과 단하의 사이가 너무 멀어서 대정부질문시 허공에 대고 호통치는 식이 되어 있다. 소속 정당 중심으로 의석이 배치되어 있어 여야 간 편 가르기, 2분법적인 극한대결, 강제적 당론의 강요 등을 조장하는 경향이 있다.

2) 논거

물리적 공간의 형태가 사람의 행동에 영향을 미친다는 사실은 여러 곳의 사실조사에 의해 확인되고 있다. 국회는 여야 간의 토론을 통해 제3의 합의제적인 대안을 도출하자는 곳임으로 사회자, 발언자, 의원의 의석 등이 보다 더 가까이 배치될 필요가 있다. 국회가 행정부와 사법부를 견제하는 기능을 수행하는 곳이기는 하지만 이들과 함께 국정운영의 동반자이기도 하다는 점을 상기할 때 국무위원석과의 거리도 보다 더 가깝게 조정되어야 한다. 원내에서의 여야당은 서로 상대를 견제하거나 대립하자는 것이 아니라 회의의 주제자이자 판단자인 국회의장을 상대로 의견을 개진하여 통합적 대안을 모색하자는 관계를 구성해야 마땅한 일이다.

3) 개선안(즉시시행 가능과제)

(1) 국회 본회의장의 단상과 단하를 미국, 영국, 일본 등의 의회처럼 보다 더 가깝게 배치하고, 일체화한다.

(2) 여당과 야당의 의석을 지금처럼 소속 정당별로 배분하는 것이 아니라 이를 섞어 가나다순이나 선수 등을 기준으로 재배치하도록 한다.

4) 기대 효과

국회의원과 국무위원이 보다 더 심도 있게 논의를 진행할 수 있을 것이다. "국정 호통"이 아닌 "국정 소통"의 장으로 전환하는 전기가 될 수 있다. 여야 간의 극한대치가 아니라 국정의 동반자로서 대 행정부 견제에 공동으로 대응하는 협력적 동반자 관계 구축의 분위기를 진작하는 데에 기여할 수 있다.

VII.
시민사회의 쇄신방향과 과제

1. 민주시민교육의 지원

1) 현황

한국 사회는 현재 정치에 대한 불신과 냉소, 권위주의, 차별의식, 경쟁지상주의, 신가족주의에 기초한 이기주의, 대화와 토론의 부재 등 공동체 유지의 위기에 직면해 있다. 시민의식, 정치적 책임과 권리에 대한 인식, 민주시민으로서의 기본 소양 등이 사회 변화를 따라가지 못하고 있기 때문이다. 시민적 가치체계의 확립이 절실히 요구되는 이유다.

2) 논거

국민이 정치를 주도하는 시대를 열려면 먼저 건전한 "성찰적 시민"이 전제되어 있어야 한다. 그런데 성찰적 시민의 토대는 시민성(civicus)에 있고, 시민성이 장기간에 걸친 역사적 소산물로 생성된 서구사회와 달리 한국 사회가 이를 단기간에 확보하려면 거국적인 노력을 통해 민주시민교육을 실시하는 것 외에 달리 효과적인 방법이 없다.

그런데 민주시민교육은 그것 자체가 고도의 정치투쟁적인 요소를 동반할 가능성이 있고 교육의 목표가 민주시민의 양성에 있는 만큼 교육과정 자체가 민주적이어야 할 것은 물론이다. 따라서 교육에 참여하는 시민 스스로가 문제해결의 능동적 주도자가 되어야 한다. 정부가 주도하기보다 시민의 자발성을 존중하고, 교육 및 활동을 지원, 조장해야 한다(시민 주도성의 원칙). 교육자가 피교육자에게 자신의 견해를 강요해서는 안 되며, 논쟁적 사안에 대해서는 대립적 쟁점을 있는 그대로 제시하고 참여자의 능력과 의사를 학습과정의 중심축에 두어야 한다(참여자 중심성의 원칙). 특정의 이념·당파·견해를 일방적으로 제시하지 않고, 다양한 가치와 정보를 객관적으로, 형평성 있게 제시해야 한다(정치 균형성의 원칙). 교육내용의 구성과 전달과정에서 편견과 고정관념에서 벗어나 다양한 차이를 인정하고 존중해야 한다(내용 다양성의 원칙). 교육담당 기관은 정부나 권력기관으로부터 인사권, 예산권의 독립성을 유지하며, 운영과 교육 내용에 대해 자율성을 가져야 한다(과정 독립성의 원칙). 교육과 관련하여 정부를 비롯한 외부기관으로부터 재정 지원을 받더라도 그로 인해 정치적 압력이나 영향을 받지 않아야 한다. 그렇기 때문에 자율성을 가지고 자체 재원을 교육목적에 사용할 수 있어야 한다(재정 자율성의 원칙). 교육을 담당하는 자는 충분한 경험과 노하우를 지니고 있어서 교육의 질적 수준이 확보되어야 한다(교육 전문성의 원칙). 교육과정은 적극적으로 민주시민의 양성을 의도하는 것이어야 한다(추진 적극성의 원칙).

3) 개선안

(1) 민주시민교육을 활성화하기 위하여 민주시민교육법을 제정한다.

(2) 민주시민교육위원회의 설치:

① 목적 - 민주시민교육의 지원과 활성화에 관한 중요 정책을 심의·의결하기 위해 민주시민교육위원회를 두고 이는 정부로부터 독립하여 운영되도록 한다.

② 기능 - 민주시민교육지원에 관한 기본계획 및 정책의 수립, 민주시민교육 지원사업의 제안 및 심의, 국가, 지방자치단체, 관련 기관의 민주시민교육 관련 활동에 대한 실태조사·평가 및 권고·조정·촉진, 관련 기관의 설치 및 지원, 민주시민교육에 대한 행정적·재정적 지원, 그 밖에 민주시민교육의 발전과 지원에 필요하다고 판단되는 업무를 수행하도록 한다.

③ 구성 - 위원장 1인과 상임위원 1인을 포함한 11인으로 구성하되, 위원은 민주시민교육에 관하여 전문적인 지식과 경험이 있고 민주시민교육의 보장과 향상을 위한 업무를 공정하고 독립적으로 수행할 수 있다고 인정되는 자 중에서 국회가 선출하는 3인, 대통령이 지명하는 3인, 대법원장이 지명하는 3인, 위원회가 추천한 2인을 대통령이 임명하도록 한다. 단, 위원회가 추천하는 위원 2인과 관련하여, 위원회 설립 시 위원 추천은 설립위원회에서 하도록 한다. 위원장과 상임위원은 위원 가운데서 호선한다. 위원장과 상임위원은 정무직 공무원으로 하고, 위원 중 1/3 이상은 여성으로 한다. 위원장과 상임위원은 활동의 독립성을 보장하며 본인의 의사와 반하여 면직되지 아니한다.

④ 임기 - 임기는 3년으로 하고, 1차에 한해 연임할 수 있게 한다. 임기가 만료되거나 임기 중 결원이 발생할 경우 대통령은 30일 이내에 새로운 위원을 임명해야 한다. 결원 발생으로 임명된

위원의 임기는 새로이 개시된다.

(3) 민주시민교육원의 설치:

① 목적 - 독일의 연방정치교육원(bpb)을 벤치마킹하여 민주시민교육을 지원, 조장하는 업무를 담당할 독립행정기관을 설립 운영하고자 한다.

② 기능 - 민주시민교육문제를 연구, 조사, 분석, 지원하고 관련 정책을 개발하는 업무를 수행한다. 필요하다고 판단하는 경우에는 국가, 지방자치단체, 관련 기관의 장에게 민주시민교육의 지원 촉진을 위한 제도 개선을 권고할 수도 있다. 이때 제도 개선 권고를 받은 국가, 지방자치단체, 관련 기관의 장은 이를 반영하여야 하며 그 조치 결과를 위원회에 통보하도록 한다.

③ 구성 - 원장과 기타 필요한 직원을 둔다. 원장은 상임위원이 겸직하고 직원 구성에 있어 대통령령이 정한 요건을 갖춘 민주시민교육 전문가 및 관계자를 특별 채용할 수 있다. 소속 직원 중 5급 이상은 위원장의 제청으로 대통령이 임명하며, 6급 이하 공무원은 위원장이 임명한다. 특별시, 광역시, 도, 특별자치도에는 지역의 민주시민교육을 지원하고 활성화하기 위하여 지역민주시민교육원을 둘 수 있게 한다. 민주시민교육의 종합계획 수립 및 교육 실시 등에 대한 자문을 위하여 위원회에 민주시민교육자문기구를 둘 수 있게 한다.

(4) 민주시민교육기금의 조성:

① 목적 - 민주시민교육을 보다 체계적으로 지원하기 위해 민주시민교육기금을 조성하고자 한다.

② 기능 - 민간 부분에 의한 민주시민교육을 지원하고 관련 연구,

조사, 분석을 활성화하는 데 필요한 재정자원을 지원한다.

③ 조성 – 정부와 자치단체로부터 출연을 받는 외에 기업의 협찬으로 조성한다.

4) 기대 효과

과거보다 더욱 자기중심적이고 자존적인 국민들이 확산되고 있는 만큼 여기에 더해 공동체적인 가치의 중요성이나 민주적 삶의 가치를 깨닫게 되는 경우 한 단계 더 질적으로 성숙한 정치사회공동체를 만들 수 있게 될 것이다. 모방발전의 한계에 도달한 한국사회가 새로운 도약을 위해 절실히 필요로 하는 "한국적 표준"을 고안할 수 있는 토대를 구축하는 효과를 기대하게 되는 이유다. 그 과정에서 발생할지도 모르는 정치교육이나 동원교육에 대한 오해를 불식하면서도 결과적으로 거국적인 민주시민교육을 견인할 수 있게 될 것이다.

2. 국회 시민사회특별위원회의 신설

1) 현황

"국가의 실패"와 "시장의 실패"가 가시화되면서 이들을 제외한 제3섹타의 중요성이 점증하고 있다. 시민사회를 국정의 파트너로 삼아 "협치"의 시대를 열어야 한다는 주장이 제기되고 있으나 정작 시민사회를 체계적으로 육성하고 지원하려는 정부의 적극적인 노력은 미약한 상태에 있다. 국가중심주의에서 생활공동체로 정치의 패러다임을 이동하고자 하는 경우 그리고 나아가서는 국민에게 참정권을 돌려주고자 한다면 최우선적으로 당면하게 되는 과제는 과연 국민 각자가 이런 변화에 부응할만한 준비를 갖추고 있느냐의 여부에 있다.

2) 논거

한국 사회가 한 단계 더 발전하려면 시민사회의 자발적 참여에 따른 창의성과 적극성을 활용할 수 있어야 한다. 정치적으로는 공동체자유주의의 가치를 실현할 방안을 모색할 필요가 있으며 이를 구현하기 위한 방안으로는 협치의 도입이 불가피하고 이는 건전한 시민사회의 활동을 전제로 한다. 시민사회가 활성화하는 경우 경제적으로는 새로운 고용기회의 창출 및 노동력의 재생산

기지로 활용될 수 있다. 사회적으로는 사회통합, 문화적 재생산, 사회자본 축적에 기여하게 된다. 특히 조직중심의 동원정당에서 유권자 중심의 정책정당 내지 네트워크체제로 전환하고자 하는 경우 당연히 유권자의 합리성, 적극성, 도덕성이 전제되어야 하며 이는 시민사회의 발전을 통해 육성 가능한 과제들이다.

3) 개선안(법률개정 필요과제-국회법)

(1) 상설 특별위원회를 신설한다.

(2) 특별위원회는 시민사회단체를 중심으로 하는 정책 네트워크 조성 및 지원(제2의 참정 공간 창설)업무를 담당한다.

(3) 시민사회단체에 의한 입법과정의 감시, 감독활동을 지원한다.

(4) 시민사회단체의 육성 및 활동을 지원한다.

(5) 시민사회단체에 의한 사회적 기업, 자원봉사, 사회복지, 재난구호, 국제협력, 지역사회개발, 청소년 보호육성 등의 활동을 지원한다.

(6) 민관협력 체계의 개발과 지원 활동을 전개한다.

4) 기대 효과

국회 차원에서 협치를 구현하는 효과가 발생할 것이다. 국회와 시민사회가 가까워지면서 국회가 시민사회로부터 격리되어 있다는 비판으로부터 자유로워질 수 있게 된다. 국가가 시민사회와 연동하고 시민사회의 발양을 위한 적극적 노력을 경주하는 통로로 이용되면서 한국 정치의 새로운 장을 여는 토대가 될 것이다.

지금까지 제시된 정치쇄신 대안들을 정리해 보면 정보사회의 도래 이후 현 단계 한국 사회가 달성하고자 하는 정치쇄신의 궁극적인 목표는 국가와 시민사회의 권력관계를 재조정해서 그 동안 정치적 대리인에게 위임해 두었던 국민의 직접적인 참정권 행사영역을 확대하자는 것에 다름 아니다. 국정과정에 대한 국민 참여의 기회를 확장하자는 것이고, 수동적, 피동적 "관객"의 시대에서 "국민이 주도하는 정치"의 시대로 전환하자는 것이다. 이를 달성하기 위해 정당, 선거, 국회, 시민사회 등 정치과정의 여러 영역에 걸쳐 실로 다양한 양식의 쇄신대안들이 제안되었다. 물론 여기에서 제안된 대안들이 문제해결을 위한 대안들의 전부도 아니고 또 가장 효과적인 장치라는 보장도 없다. 다만 제시되는 대안들이 정치의 정상화를 위한 노력의 전개과정에서 각각 어떤 의미를 함축하는 것인지를 이해하는 데에 도움을 주고자 했다. 따라서 얼마든지 추가적인 대안의 제시가 가능한 일이다. 실제로 정치쇄신특별위원회의 운영과정에서 실로 다양한 대안들이 제시되었으나 그 가운데 일부만을 선정해서 다루었다. 논자의 관심이나 문제의식에 따라서도 얼마든지 상이한 대안의 제시가 가능하다는 의미다. 다만 위원회로서는 현 단계 한국 사회에서는 보고서에서 제안하는 과제들을 우선적으로 다룰 필요성이 있다는 데에 의견을 같이 했을 뿐이다.

그런데 국민이 주도하는 정치가 국가의 정책과정에 국민 스스로가 참여해서 개별 정책의 방향을 결정하는 기회와 능력을 확장하자는 것이라고 한다면, 이는 정책제안에 대한 수요가 발생하는 사회공동체의 일상적인 삶으로부터 시작해서 국가의 정책을 공식적으로 결정짓는 국회의 안건심의 과정에 이르기까지의 전 과정이 체계적으로 연결되어야 한다는 것을 뜻한다. 그런데 국민의 일상적 삶이 이루어지는 시민사회는 국민 각자가 지니는 품성이나 교양 등과 같이 실로 개인적이고 사적이며 비공식적이고 내밀한 요소들에서부터 출범한다. 개인의 가치관이나 세계관에 따라 정치과정을 보는 인식의 틀이 달라지고 그에 따라 거기에 대응하는 자세나 태도가 달라질 것이기 때문이다. 반면에 국가는 공익을 추구하는 하나의 정형화된 공식적 질서 내지는 조직체 또는 거시적 구조물로 응집되어 나타난다. 이는 통상 국가와 시민사회를 이어주는 기능을 수행하는 의회가 사회공동체와 조직체의 이중 구조물로 인식되는 이유이기도 하다.

따라서 참여란 사회공동체와 조직체, 비공식적인 것과 공식적인 것, 개인과 집단, 행태와 구조, 미시적인 것과 거시적인 것, 사익과 공익을 양축으로 하는 자기 정체성의 전환 과정을 말하는 것이라고 해도 무리가 없을 것 같다. 그리고 그 사이에는 실로 다양한 층위에서 이 두 가지 요소—시민사회와 국가—의 배합 비율을 달리하는 무수히 많은 수의 사회적 관계망이 형성된다고 하겠다.

이런 관점에서 보면 한 사회의 정책과정이 출발하는 가장 원초적인 지점은 시민사회다. 시민 각자의 품성과 소양 내지는 공동체적 삶에 대한 태도 따위가 공공선을 추구하는 정책과정의 원형과 품격을 결정짓게 된다. "국민이 주도하는 정치"는 정치적 대리인에 대한 불신에서 출발하는 것이기는 하지만 국민에 대한 신뢰를 전제하는 것에 다름 아닌 일이기도 하다. 따라서 한국 사회의 경우 신가족주의의 폐쇄성에서 벗어나고 시민적 덕성을 키우며 시민사회 자체의 네트워크를 통해 다양한 이해충돌과 갈등이 일차적으로는 자체의 쟁화 시스템에 의해 걸러지도록 해야 한다. 이것이야말로 대의과정의 부하를 경감하면서도 정치의 정상화에 기여하는 최단거리의 문제해결 방안이기도 하다. 이런 점에서 정치쇄신작업이 정치과정 자체에 추가하여 시민사회의 발양과 시민성의 육성에 주목해야 할 것은 당연한 이치다.

이렇게 시민적 덕성이 갖추어진다고 할 때, 다음 단계에서 요구되는 과제는 그런 국민 각자가 공적 과제에 대해 직접 견해를 밝히고 의견을 말하며 행동으로 옮기는 일일 것이다. 따라서 이 지점에서 요구되는 정치쇄신 과제는 그들에게 직접 말하고 참여할 수 있는 기회와 공간을 마련해 주는 일이다. "국민이 주도하는 정치"를 구현하는 데 있어 참여는 국민 개개인이 자기 외부 세계와의 관계에 있어 가장 먼저 당면하게 되는 과제이자 가장 적극적이고 직접적인 정치적 조치이기도 하다. 전자국민창안제의 도입, 상임위원회별 전자국민패널제도의 운영, 국민소환제의 채택 등이 여기에 속한다고 할 수 있다.

다른 한편으로는 내밀한 생활영역의 과제가 일상 속에서 점차 자기 생활영역 외부의 공적 가치와 공동체적 요구에 조응하면서 자체의 정체성을 변화시켜 나가야 하는 일에 당면하게 된다. "생활 속의 정치"가 시작되는 것이다. 이는 일상 속의 삶 자체가 정치적이라는 의미를 함축한다. 정치의 생활화를 의미하는 것이기도 하다. 정치의 주도권을 되찾는 공적 과정의 첫발이기도 하다. 이로 인해 지역정치공동체에서는 풀뿌리민주주의가 뿌리를 내릴 수 있게 된다. 이를 위한 정치쇄신대안으로는 정책네트워크의 구축, 국회 소속 국가 옴부즈만 제도의 도입, 선거운동 자유의 획기적 확대, 유권자 까페의 설치 등을 들 수 있을 것이다.

이렇듯 생활 속의 정치가 활성화 되면 공동체 영역으로의 진출이 확대되면서 자연스럽게 공적 과제에 대한 이웃의 이견과 마주치게 된다. "정책경쟁 중심의 정치"에 대한 수요와 대면하게 되는 것이다. 형식적, 법제적 차원의 참여가 아니라 실질적이고 실체 있는 참여가 이루어지려면 정책을 통해 자신의 요구나 주장을 펼치고 관철해야 하며, 이는 참여 과정 자체가 정책경쟁중심으로 탈바꿈해야 한다는 것을 의미다. 결과적으로는 생활 속의 정치가 정책중심으로 네트워크되어 정책의 최종 생산지인 국회와 연결되어야 하고 다른 한편으로는 정책 고안 능력이 제고되어야 한다. 이와 관련된 정치쇄신대안으로는 정책네트워크의 구축, 국회 중심 정치체제로의 전환, 정책연구소의 독립성 강화 등을 들 수 있다.

그런데 이런 정책중심의 경쟁체제가 효율적으로 운영되려면

"투명하고 스마트한 정치"가 되어야 한다. 정책경쟁은 관련 정보의 공개와 공유를 전제로 하는 것이며, 정보의 공개와 공유를 촉진하는 데에는 아직 정보통신기기를 활용하는 것만큼 효율적인 대안이 없다. 이점에서 오늘날 전자민주주의는 정책경쟁 중심 정치의 필수적 요건쯤에 해당된다. 정치과정의 투명성·직접성·신속성·가변성·광역성 정도를 높이자는 것이다. 이를 위한 쇄신대안으로는 화상회의 시스템의 획기적 확대, 국회의원 개인 인터넷 TV 방송국 운영 지원, 빅 데이터를 활용한 스마트 상임위원회 운영, 국회의 정보 공개 및 공유 체제 강화, 국회 전자정보지원처 신설, 유권자 맞춤형 온라인 선거운동 체제 정비 등을 들 수 있다.

이렇게 정책정보의 공개와 공유가 촉진되는 경우 정치과정의 분권과 분산도 훨씬 더 용이해지게 된다. 물론 역순의 관계도 성립된다. "분권 지향의 정치"는 기성정치의 소수인에 의한 정보와 권력의 독과점 체제를 무너뜨리면서 국민 참여의 공간을 열고 나아가 국민이 주도하는 정치를 활성화 하게 된다. 이를 위해서는 고도로 중앙집권화 되어 있는 기존의 정치체제를 분권화·분산화·수평화하는 일이 정치쇄신의 핵심적 과제로 제기된다. 이를 위한 쇄신대안으로는 분권 지향의 선거제도 개혁, 공천제도 개혁, 정당 내부구조의 분권과 분산, 정당설립요건의 혁신적 완화, 국회 지방분권특별위원회의 신설, 정당지도체제의 쇄신 등을 들 수 있을 것이다.

아무리 정치과정이 분권화되어도 정치과정의 참여자들이 부패할 경우 정치과정이 왜곡될 것에는 이론의 여지가 있을 수 없다. 특히 국회의원의 경우에는 신분이 보장되어 있고 거의 모든 주요

현안에 간여할 수 있으며 권력적 지위가 높다는 점에서 부패의 개연성이 크다. 실제로 국회가 부패의 본산처럼 인식되고 있음은 주지의 사실이다. 따라서 "깨끗한 정치"는 정치 정상화의 필수적 과제다. 정치과정의 공식성 정도가 높아질수록 그에 대응하는 전략적 대안도 공식성 정도를 높여야 하게 된다. 정치과정 참여자의 도덕성 확보문제는 참여자 개개인의 도덕적, 윤리적 차원의 문제이기도하지만 이를 제도나 기관의 차원에서 보면 정치과정 참여자의 행태가 윤리적으로 일탈하지 않게 통제, 관리하는 장치의 개선문제에 주목하게 된다. 이와 관련된 쇄신대안으로는 국회 윤리특별위원회의 개혁, 겸직금지제도의 강화, 국회의원 무노동 무임금의 원칙 적용 등을 들 수 있다.

아무리 깨끗한 정치인들이 모여 국정을 논한다고 하더라도 그들 사이의 경쟁이 공정하고 공평해야 할 것은 두말할 필요도 없다. 그렇지 않을 경우 정치과정 참여자들 사이의 협력과 연대를 이끌어내기 어렵게 된다. "특권과 반칙 없는 정치"의 시대를 열어야 하는 것이다. 정치적 대리인인 국회의원들이 과도하게 자신들의 기득권을 유지하고자 하는 제도적 장치를 견지할 경우 사실상 국민 참여는 어렵게 된다. 정파 간의 갈등과 대립이 일상화하는 현상도 따지고 보면 정치적 기득권 유지의 한 방편으로 작용하고 있음을 알 수 있다. 공적 정치과정에 대한 국민 참여의 공간과 기회를 차단하면서 사실상 국민 주도의 정치를 불가능하게 하는 것이다. 기회의 배타적 선점과 독과점 때문이다. 이를 타파하기 위한 쇄신대안으로는 국회예산 표준심사위원회 신설, 국회 윤리특별위원회 개혁, 국회 법제사법위원회 개선, 국회 인사청문회 개선, 불체포 특권 제한, 면책 특권 제한, 국회 본회의장 의석 배치제도 개선, 선거구획정위원회 개혁 등을 들 수 있다.

이를 도식화해 보면 아래의 〈그림 2〉와 같다

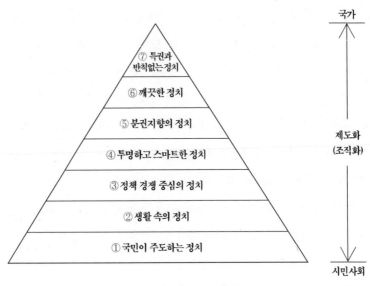

〈그림 2〉 정치쇄신의 층위별 준거

이런 정치쇄신의 층위별 준거를 검토해 보면 정치과정의 직접화 내지는 이를 구현하기 위한 정치쇄신 대안의 개발과정에서 분권, 공개, 참여, 협력은 쇄신을 가능케 하는 수단적 방편이지만 그것 자체가 정치쇄신 작업이 달성하고자 하는 목적가치에 해당된다는 점을 확인하게 된다. 이런 수단적 장치의 양가적인 성질은 기성의 정치과정이 기본적으로 집권, 집중, 밀폐, 배제, 독단 등으로 얼룩 져 있다는 진단에서 비롯된다. 분권, 공개, 참여, 협력이 그것 자 체만으로도 민주주의의 철학적 원리에 가장 근접하는 덕목이라는 점에 대해서도 주의를 기울일 필요가 있다. 정보사회의 도래로 인해 이를 구현하는 데 필요한 기술지원이 가능하게 되었다는 점도 물론 긍정적 요인으로 작용한다.

그리고 여기에서 말하는 국민 참여는 참여의 주도권 자체를 국민에게 돌려주자는 것에 방점이 찍혀 있다. 정치의 주도권을 쥐고 있는 이들에 의해서 제공되는 시혜적 참여 기회의 확장이 아니라 정치의 주도권 자체를 국민에게 이동함으로서 정치과정의 정상성을 되찾자는 것이다. 이는 분권에서도 같다. 분권을 위한 집권 내지는 신집권을 분권 사회로의 구조개편을 위해 불가피한 과정이라고 치부하는 경향이 있으나, 여기에서 말하는 분권은 자생적 권력의 신장 결과 형성되는 분권사회를 말한다. 정치권력의 주도권을 누가 쥐도록 할 것인가에서 다르다.

그런 점에서 여기에서 제안되는 대안들은 매우 진보적이다. 기성의 질서를 거부하고 새로운 질서를 창출하고자 한다는 점에서 그렇다. 보수는 변하지 않는 것이 아니라 보수적 가치의 유지를 위해 보다 먼저 그리고 과감히 변할 줄 알아야 한다는 것이 저자의 생각이다. 그 점에서 기득권에 안주하는 보수는 이미 보수가 아니다. 가장 반보수적 성격을 지니는 존재라고 해야 보다 정확한 표현이 될 것이다. 그런 점에서 정치쇄신이라는 작업은 가장 반보수적인 세력과의 싸움을 의미한다. 아직 전통사회의 가치관에서 벗어나지 못한 채 미망에 흔들리거나 일방적인 선지자의 관점 내지는 엘리티즘에 함몰되어 있는 이들도 문제가 되기는 마찬가지이다.

무엇보다도 중요한 것은 국민이 주도하는 정치 시대에서는 사회적 갈등과 대립이 단지 고식적인 정치과정에서만 관리되거나 해소되어야 한다고 보지 않는 데에 있다. 언제 어디서나 일상에서 이루어지는 삶의 양식 자체가 갈등의 조정과 대립의 완화 과정이라는 인식의 공유를 권하고자 한다. 상부구조에서의 민주주의는 사실 하부구조에서의 민주주의가 그의 연장선상에서 구체화하는 것에 지나지 않는다. 따라서 일상 속에서의 민주주의가 살아 움직이지 않고서는 국가 차원에서의 민주주의를 기대하기 어렵다. 일상적인 삶 자체가 건전한 갈등해소의 과정이 되어야 공적 과정으로서의 갈등관리가 짊어지게 되는 부하의 크기를 줄일 수도 있는 법이다. 시민사회의 민주 역량을 제고하는 일이 중요한 이유다. "근본으로 돌아가자." 이는 정치쇄신을 추동하는 과정에서도 같다.

그러나 그런 일상 속의 시민성 생성 과정이 우리의 경우 기존의 국가 제도에 대한 불신으로 인해 크게 왜곡되거나 지체되었다는 주장에 대해서도 귀기우려 볼만한 일이다. 한국 사회의 하부구조 내지는 토대가 보편적 시민성을 공유하는 공동체로 발전하지 못하고 신가족주의에 포섭되어 온 이유는 상부구조로서의 국가와의 접촉 경험을 통해 불신을 키워 왔기 때문에 국가보다는 보다 더 신뢰할 수 있는 연줄 내지는 신가족주의적 관계망에 대한 의존성을 높였다는 것이다(김용학, 1996:102-106). 국가가 최소한의 인간적인 삶을 보장하는 도구로서가 아니라 부패나 권력적 왜곡의 수단으로 작동하는 것을 지켜보면서 사적 관계에 도덕적 우위성을 두게 되었던 것이다. 이런 관점에서 보면 정치쇄신 없이 상부구조의 개선 없고 상부구조의 개선 없이 하부구조로서의 일상적인 삶의 양식이 개선되기는 어렵다. 상부구조의 쇄신과 하부구조의 쇄신은 상호영향을 주고받는 관계에 있는 셈이다. 따라서 정치쇄신의 패러다임을 국가주의에서 시민사회중심의 생활정치 프레임으로 이동하자는 것은 쇄신의 출발점을 일상의 삶 내지는 생활주변에서 부터 시작하자는 것일 뿐 그것이 결코 국가와 격리되어 진행될 수 있다는 점을 의미하는 것은 아니다. 그 점에서 정치쇄신을 위한 제도개혁은 성공적인 정치쇄신을 위해 필수적 요건 내지는 불가결적인 과제 가운데 하나다. 『정치쇄신 4.0』이 제도개혁에 주목하는 이유다.

■ 참고문헌

강명구. (2007). 진보논쟁은 무엇을 놓치고 있는가? 「인물과 사상」. 4월호.
　　⟨http://blog.naver.com/ebinpa/80036157120⟩

고경민, 송효진. (2007). 인터넷 확산과 민주주의의 관계: 사회경제적, 지역적
　　요인별 비교연구. 「국가전략」. 13(3): 114-120.

김동욱 외. (2009). 정보의 공유 및 확산 촉진을 위한 정책방안. 「08정보문화심
　　층연구8」. 연구보고 08-20.

김비환. (2007). 참여민주주의와 한국사회: 한국정치사의 재조명과 한국민주주
　　의의 과제. 「시대정신」. 2007 가을호.

김승현. (2009). 가족주의, 사회적 신뢰 및 공공성의 상관관계에 관한 연구:
　　사회적 소망성에 의한 응답 편향. 한국행정학회 2009년도 동계학술대회
　　발표논문. ⟨http://www.kapa21.or.kr/data/data_search.php?mode=
　　&nopage=&year=2009&pdiv=&writer=%B1%E8%BD%C2%C7%F6&s
　　ubject=#⟩

김용학. (1996). 연결망과 거래비용. 「사회비평」. 14.

문우진. (2007). 대의민주주의의 최적화 문제와 헌법설계; 정치거래 이론과 석용.
　　「한국정치학회보」. 41(3).

박재창. (2012). 거버넌스 시대의 국정개조. 서울: 리북.

_____. (2010). 한국의 거버넌스. 서울: 아르케.

윤송이, 김주찬. (2011). 기술세대와 시민의식의 변화: 소셜 네트워크 서비스
　　활동을 중심으로. 「21세기 정치학회보」. 21(1).

윤여준. (2013). 전업정치인과 함께 파벌정치 등장. 우리 정치 왜 이 모양인가.
　　Ohmynews. ⟨http://www.ohmynews.com/NWS_Web/View/at_pg.aspx?
　　CNTN_CD=A0001917317&PAGE_CD=00000&CMPT_CD=E0010⟩

이병한. (2013). 캘리포니아, 미국을 버리고 중국을 선택하다. 「프레시안」. 2013.9.2.

임성호. (2006). 당내 경선에서의 잔략투표와 대통령선거의 이념적 비편향성. 「선거관리」. 52.

전상인. (2007). 조선시대 양반의 연대, 연계, 연줄. 김지희 편. 신뢰사회를 향하여: 한국의 사회발전과 부문별 신뢰구축방안 연구. 서울: 소화.

조대엽. (2013). 한국 시민사회의 진단과 처방: 생활공공성 운동과 생활민주주의. 한국YMCA전국연맹 시민운동위원회 주최 시민사회 역량강화를 위한 Y-시민사회포럼 주제강연문. 대전YMCA회의실. 2013.9.13.

Berggruen, Nicholas and Gardels, Nathan. (2012). Intelligent Governance for the 21st Century: A Middle Way between West and East. NY: Polity.

_____. (2012a). Political Meritocracy and Direct Democracy: A Hybrid Experiment. New Perspective Quarterly.

Byrne, David. (1998). Complexity Theory and the Social Sciences. UK: Routledge.

Dennis, Jack. (1994). The Perot Constituency: A Report to the Board of Overseers of the National Election Studies. ⟨http://www.electionstudies.org/resources/papers/documents/nes002299.pdf⟩

Evans, Geoffrey and Whitefield, Stephen. (2000). Explaining the Formation of Electoral Cleavages in Post-Communist Democracies. In Klingemann, H., Mochmann, E. and Newton, K, eds. Elections in Central and Eastern Europe: The First Wave. Berlin: Ed. Sigma. 36-70.

Fukuyama, Francis. (2004). State-Building: Governance and World Order in the 21st Century. NY: Cornell University Press.

_____. (2001). Social Capital, Civil Society and Development. Third World Quarterly. 22(1): 7-20.

Geyer, Robert and Rihani., Samir. (2000). Complexity Theory and the Fundamental Challenges to Democracy in the 21st Century. Presented at the 2000 PSA Conference at the London School of Economics 10−13 April 2000.
⟨http://www.globalcomplexity.org/Democracy.htm⟩

Ha, Yong−Chool. (2007). Late Industrialization, the State, and Social Changes: The Emergence of Neofamilism in South Korea." Comparative Political Studies. 40(4): 363−382.

Handerson, Gregory. (1968). The Politics of Vortex. Harvard University Press.

Heller, Henry. (2011). The Cold War and the New Imperialism. Socialism and Democracy. 22(1).

Hirst, Paul. (1988). Representative Democracy and Its Limits. The Political Quarterly. 59(2): 190−205.

Jones, Rick. (2011). Plutocracy is Gaining on Democracy. Standard−Examiner. ⟨http://www.standard.net/topics/opinion/2011/04/02/ plutocracy−gaining−democracy⟩

Laszlo, Ervin, Ignazio Masulli, Robert Artiziani, and Vilmos Cs'anyi eds. (1995). The Evolution of Cognitive Maps: New paradigms for the Twenty−First Century. The World Futures General Evolution Studies Vol.5. Lexembourg: Gordon and Breach Publishers.

libcom. (2005). Anarchism in the Italian Factory Councils.
⟨http://libcom.org/library/anarchism−daniel−guerin−3b⟩

Maslaw, A. H. (1970). Motivation and Personality. 2nd Edition. NY: Harper and Row.

Mudd, Cas. (1999). The Single Issue Party Thesis: Extreme Right Parties and the Immigration issue. West European Politics. 22(3). 182−197.

Newton, Kenneth. (1999). Social and Political Trust in Established Democracies. In, Norris, Pippa (ed.) Critical Citizens: Global

Support for Democratic Government. Oxford, UK, Oxford University Press, 169–187.

O'Neill, Maggie. (2013). Journalism is Deteriorating, and American Notice. PolicyMic. 〈http://www.policymic.com/articles/54565/journalism-is-deteriorating-and-americans-notice〉

Putnam, Robert. (2000). Bowling Alone. NY: Simon & Schuster.

Roussopouos, Dimitrios and Benello, C. George. (2005). Participatory Democracy: Prospects for Democratizing Democracy. Montreal: Black Rose Books.

Simon, Herbert A. (1997). Administrative Behavior. 4th edition. NY: Free Press.

Toffler, Alvin & Heidi. (1992). 21st-Century Democracy: an Idea Whose Time Has Come. New Progressives Quarterly, autumn. 9(4). pp13–21.

■ 저자 박 재 창

한국외국어대학교 L&D학부 석좌교수(현)
숙명여자대학교 정치행정학부 명예교수(현)
미국 뉴욕주립대학교 행정학 박사(의회행정 전공)
(사)한국미래정부연구회 이사장(현)

독일 자유베를린 대학교 훔볼트재단 연구교수
태국 창마이 라찻팟 대학교 방문교수
일본 동지사 대학교 정책과학대학원 객원교수
미국 버클리 대학교 정부학연구소 플브라이트 교수

한국 국제지역학회 회장
한국 NGO학회 회장
정치행정연구회 회장
한국 행정학회 회장

국무총리실 시민사회발전위원회 위원
대통령 소속 지방이양추진위원회 (국무총리) 공동 위원장
새누리당 정치쇄신특별위원회 위원장
KOICA 대표 청렴 옴부즈만(현)

공선협 집행위원장
시민사회 포럼 대표
아시아 태평양 YMCA 연맹 회장
지방자치발전실천포럼 공동대표(현)

〈주요저서〉

『거버넌스 시대의 국정개조』(2012), 『Responses to the Globalizing
World』(2012), 『지방분권과 한국시민사회』(편저, 2012), 『Global Citizenship
and Social Movements』(ed., 2011), 『지구화 시대의 한국시민사회』(편저,
2011), 『한국의 거버넌스』(2010), 『한국민주주의와 시민사회』(편저, 2010),
『국가와 시민』(2009), 『위기의 한국시민사회』(편저, 2009), 『시민참여와 거버
넌스』(공저, 2009), 『지구시민권과 지구 거버넌스』(편저, 2009), 『민주시민
교육의 전략과 과제』(공편, 2007), 『지구시민사회와 한국 NGO』(2006), 『분
권과 개혁』(공편, 2005), 『한국의회윤리론』(2005), 『한국의회개혁론』(2004),
『한국의회정치론』(2003), 『한국전자의회론』(2003), 『혼돈의 시대, 개혁의
논리』(2001), 『정부와 NGO』(편저, 2000), 『정부와 여성참여』(편저, 2000),
『이렇게 바꿔야 나라가 산다』(1998), 『한국의회행정론』(1995), 『정보사회
와 정치과정』(편저, 1993) 외.